Dale E. Galloway
Selbstdisziplin

Dale E. Galloway

Selbstdisziplin

Sich selbst überwinden

Editions Trobisch

Die amerikanische Originalausgabe erschien unter dem Titel:
DARE TO DISCIPLINE YOURSELF
im Verlag Fleming H. Revell Company, Old Tappan, New Jersey, USA.

ISBN 3-87827-056-9

Übersetzung: Ulrike Schumacher
Umschlag: Appel Werbung, 5270 Gummersbach
Satz: Fotosatz Studio Schillinger, Postfach 40, 7630 Lahr
Druck: Druckhaus Gummersbach, Gummersbach-Derschlag

Inhaltsangabe

Selbstdisziplin – die Grundlage für Erfüllung und Glück

Sich selbst zu disziplinieren, bedeutet, daß man regelmäßig einen bestimmten Aktionsplan oder eine Reihe von Anweisungen befolgt, um ein gewünschtes Ziel zu erreichen. Das ist auch der Zweck der Selbstdisziplin. Auf den folgenden Seiten versichert Ihnen Dale Galloway, daß Ihnen nichts entgehen wird, wenn Sie sich selbst überwinden und an sich arbeiten. Im Gegenteil: Sie werden darauf vorbereitet, das Allerbeste in Ihrem Leben zu erfahren. Der Leitgedanke dieses Buches ist der Ausspruch: „Verzichten Sie auf das weniger Wichtige, um das Größere und Wichtigere zu gewinnen". Dieser rote Faden zieht sich durch jedes Thema, das hier behandelt wird. Dale Galloways bewährte Ratschläge und praktische Hinweise werden Ihnen helfen, die Bereiche Ihres Lebens, die noch undiszipliniert sind, unter Kontrolle zu bekommen. Sie werden lernen, Verantwortung zu übernehmen, Versuchungen zu besiegen und völlig neue Einstellungen zu gewinnen, die Ihr Leben verändern werden und Erfolg versprechen.
Ereignisse und Namen von Personen, die in diesem Buch erwähnt werden, wurden geändert, um die Privatsphäre der beteiligten Menschen zu wahren.
Ich widme dieses Buch meinen lieben Freunden und den nachfolgend aufgeführten Pastoren: Pastor Rich Kraljev und Pastor Jerry Schmidt.

1

Voraussetzungen, um etwas Bestimmtes zu leisten oder zu erreichen

1956 begann ich mein Studium in Kankakee, Illinois. Die Erfahrung, als Erstsemestler in einem Studentenwohnheim zu wohnen, war schon ein Unterricht für sich. Ein paar Türen weiter lebte ein junger Mann, der es allem Anschein nach sehr weit gebracht hatte. Während die meisten von uns arbeiten mußten, um sich ihr Studium zu verdienen, spielte er nur und nahm alles leicht. Es schien für ihn keine Grenzen zu geben: Er gab große Geldbeträge aus, um sich alles Mögliche zu erlauben.

Mein Stundenplan an der Universität sah wie folgt aus: Von 7 Uhr morgens bis 3 Uhr nachmittags besuchte ich Vorlesungen. Dann arbeitete ich bis 22 oder 23 Uhr abends. Nach der Arbeit studierte ich noch, bis ich einschlief. Während ich am späten Abend noch zu studieren begann, brachte mein reicher Freund am Ende des Ganges fast ausnahmslos jede Nacht damit zu, laute Feten zu feiern oder einen Riesenlärm zu machen. Sein Leben war völlig undiszipliniert. Es fiel ihm überhaupt nicht ein, etwas für sein Studium zu tun, und er nahm auch fast nie an den Vorlesungen teil.

Ich werde nie vergessen, wie am Ende des Semesters die Noten für die Semesterabschlußarbeiten bekannt gegeben wurden. Der Junge, der alle Möglichkeiten hatte, ohne Probleme studieren zu können, bestand die Prüfung nicht. Jedes Mal, wenn er erfolgreich hätte sein sollen, versagte er auf der ganzen Linie. Etwas entscheidend Wichtiges fehlte in seinem Leben. Dies führte dazu, daß er seine Chance verpaßte, eine gute Ausbildung zu bekommen.

Hanna ist jahrelang stolz darauf gewesen, eine „Nachtschwärmerin" zu sein. Sie brüstet sich vor Freunden damit, daß sie um Mitternacht hellwach und voller Tatendrang ist.

Sie macht sich sogar über ihren Mann lustig, der früh ins Bett geht und sie dann sich selbst überläßt. Der einzige Haken an der Sache ist nur, daß sie morgens nie aus dem Bett kommt. Seit Jahren müssen sich ihr Mann und ihre drei Kinder ihr Frühstück selbst machen und selbst dafür sorgen, daß sie rechtzeitig zur Arbeit oder zur Schule kommen. Hanna hat ihr Gewissen damit beruhigt, daß ihre Kinder und ihr Mann doch nicht viel zum Frühstück brauchen. Außerdem haben sie sich ja auch nicht beklagt. Warum sollte sie sich also anstrengen und sich irgendwie verändern?

Wie kurzsichtig ist diese Mutter geworden. Indem sie ihrer natürlichen Neigung nachgibt, jeden Morgen länger zu schlafen, versäumt Hanna die große Gelegenheit, ihrer Familie ein schmackhaftes Frühstück zuzubereiten und ihnen einen guten Start für den Tag zu geben. Die Wahrheit ist nämlich, daß diese Kinder, die sich anscheinend nichts aus einem guten Frühstück machen, immer sehr begeistert frühstücken, wenn es von jemand zubereitet wird. Nur Manfred, Hannas Mann, kann sagen, an wievielen Morgen er sich mühsam auf den Weg zu seiner Arbeit macht und an denen seine Sehnsucht nach Gemeinschaft und Kommunikation mit seiner Frau ungestillt bleibt. Wegen eines fehlenden Elements in Hannas Leben betrügt sie ihre Kinder um ihre Liebe, erfüllt sie nicht die Bedürfnisse ihres Ehemannes und erreicht dadurch in ihrem Leben weniger, als was für sie das Beste wäre.

Indem sie dieses fehlende Element in ihrem Leben entdeckt und damit beginnt, es einzusetzen, könnte Hanna sofort in dem Bereich, in dem sie bis heute versagt hatte, Erfolg haben. Und in Ihrem Leben kann es genauso sein. Sie brauchen Ihre Gelegenheiten und Chancen nicht ungenutzt verstreichen zu lassen. Sie bringen alle Voraussetzungen mit; entdecken Sie dies und setzen Sie es in Ihrem Leben ein.

Dieses entscheidende Element, das bewirkt, daß Sie etwas leisten können, braucht in Ihrem Leben nicht zu fehlen. Wenn Sie es entdecken, müssen Sie es pflegen und richtig einsetzen. Dann wird es dazu dienen, Ihr Leben zu bereichern und Ihnen viele persönliche Erfolge zu bescheren.

Wenn Sie
- nicht das erreichen, was Sie sich am meisten wünschen,
- fühlen, daß Sie die Kontrolle über Ihr eigenes Leben verlieren,
- merken, daß Sie sich in Ihrem Leben von unkontrollierbar gewordenen Gefühlen und schwankenden Stimmungen leiten lassen,

dann müssen Sie dieses fehlende Element in Ihrem Leben entdecken!

Wenn Sie
- den Wunsch haben, in Ihrem Leben etwas Wertvolles zu erreichen,
- sich wünschen, Herr über Ihre sexuellen Triebe zu werden,
- möchten, daß Sie mit Zorn und Ärger besser fertig werden,
- sich danach sehnen, in einem bestimmten Bereich Ihres Lebens zu siegen, in dem Sie bisher immer versagt haben,

dann brauchen Sie dieses wichtige Element, ohne das wir nichts im Leben erreichen!

Ohne es
- essen wir zuviel und werden zu dick,
- erliegen wir den sexuellen Versuchungen und begehen Sünde,
- werden wir träge und hören damit auf, unseren geistigen Horizont zu erweitern,
- werden wir von Gewohnheiten geknechtet, die uns schaden,
- erlauben wir den schlechten Launen, die Herrschaft über uns zu gewinnen; dadurch werden wir zu Menschen, mit denen man nur ungern zusammen ist,
- werden wir von negativen Gefühlen überrannt, die destruktives Verhalten in uns hervorrufen und bewirken, daß wir in unseren zwischenmenschlichen Beziehungen Schiffbruch erleiden,
- geben wir mehr Geld aus, als wir verdienen und kommen in finanzielle Bedrängnis,
- schaffen wir es nicht, unsere Träume und Vorstellungen zu verwirklichen.

Was ist dieser Bestandteil, der in dem Leben der meisten Menschen von heute fehlt? Man kann im Leben nichts leisten oder erreichen ohne diesen Bestandteil. *Was ist es?*

Es ist Selbstdisziplin!

Selbstdisziplin kann der Schlüssel sein, der alle Türen öffnet und Sie zu den Dingen führt, die Sie sich wirklich wünschen. Mit Selbstdisziplin können Sie Ihr Leben unter Kontrolle bekommen.
Sie können Ihr Leben selbst in die Hand nehmen und erreichen, was Sie sich vorgenommen haben.
In diesem Buch möchte ich Ihnen die Augen für diesen Schlüssel der Selbstdisziplin öffnen, den Sie schon in Ihren Händen halten. Schritt für Schritt werde ich Ihnen zeigen, wie Sie mit Selbstdisziplin die Dinge erreichen können, die Sie immer schon erreichen wollten. Glauben Sie mir – Sie können ein erfolgreiches Leben haben!

Etwas, das jeder braucht, aber niemand möchte

Viele von uns brauchen nichts dringender als Selbstdisziplin, aber sie wollen es eigentlich gar nicht. Wenn wir dies so dringend benötigen, warum wehren wir uns so heftig dagegen?
Erstens, weil wir alle die natürliche Neigung haben, faul zu sein. Wir haben in uns einen Drang, der uns den Weg des geringsten Widerstandes nehmen läßt. Wenn wir aber immer das täten, wozu wir Lust hätten, würden wir die meiste Zeit wahrscheinlich gar nichts tun. Wenn wir also die besten Dinge im Leben erreichen wollen, dürfen wir nicht unserer eigenen Faulheit nachgeben. Das größte Buch der Weisheit, die Bibel, schreibt hierzu: „Der Faulpelz kommt um vor Begier und bleibt hungrig; aber der Fleißige ißt sich satt" (Sprüche 13, 4 – Die Gute Nachricht). Jemand hat einmal gesagt: „Die Versuchung, faul zu sein, wird nie alt."
Um das Beste aus dem Leben herauszuholen, um das Wertvollste zu erreichen, müssen Sie sich gegen diese verlockende Faulheit wehren. Sie müssen sich selbst mitreißen. Sie müssen selbst aufstehen und einen Fuß vor den anderen setzen. Eines ist ganz sicher: Wenn Sie Ihr eigenes Leben nicht selbst

in die Hand nehmen und es gut führen, wird es niemand für Sie tun. Ein Mensch mit Selbstdisziplin ist jemand, der zuerst einmal seine eigene Faulheit besiegt hat.
Der zweite Grund, warum sich soviele Menschen gegen die Selbstdisziplin wehren, liegt meiner Meinung nach darin, daß sie gar nicht verstehen, was Selbstdisziplin eigentlich ist.
Ich kann mich an eine Zeit in meinem Leben erinnern, als ich noch nicht einmal das Wort *Disziplin* mochte. Etwas in mir lehnte sich dagegen auf. Als Student hatte ich in einem Seminar einen Professor, der uns immer wieder einschärfte, wie wichtig Selbstdisziplin in unserem Leben sei. Jedes Mal, wenn er wieder mit seiner „Predigt" anfing, schaltete ich meine Ohren auf Durchzug, weil ich mich so über dieses Wort *Disziplin* aufregte. Dann schrieb er auch noch ein Buch zu diesem Thema. Aus Loyalität zu ihm las ich sein Buch, aber ich lehnte mich gegen jede Seite auf.
Zehn Jahre später nahm ich dieses Buch wieder einmal zur Hand und las es erneut. Dieses Mal – und das erstaunte mich sehr – fand ich es ausgezeichnet. Was hatte sich verändert? Der Unterschied lag darin, daß ich endlich meine Augen für jene Bereiche in meinem Leben geöffnet hatte, die völlig undiszipliniert waren. Ich hatte auch inzwischen erkannt, daß ich auf dem Gebiet der Disziplin Fortschritte machen mußte, wenn ich die wunderbaren Träume, die Gott mir gegeben hatte, verwirklichen wollte.

Ohne Selbstdisziplin kann man nichts erreichen

All die Menschen, die ich persönlich kenne und die Großartiges geleistet und erreicht haben, sind Männer und Frauen, die zuerst einmal gelernt haben, sich selbst zu beherrschen und Selbstdisziplin zu üben. Selbstbeherrschung ist die Voraussetzung für alle guten Leistungen. Niemand kann erwarten, daß er in seinem Beruf oder sonstwo etwas leisten kann, bevor er sich nicht selbst unter Kontrolle hat. Auch in einer Ehe kann man nichts erreichen, wenn man nicht zuerst gelernt hat, sich selbst zu beherrschen und in die Gewalt zu bekommen. Zeigen Sie mir eine Ehe, in der es kriselt, und ich zeige Ihnen den einen oder beide Ehepartner, deren Leben außer Kontrolle geraten ist. Erst die Selbstdisziplin bringt unsere besten Eigenschaften zutage.

„Wer im Wettkampf siegen will, setzt dafür alles ein. Ein Athlet verzichtet auf vieles, um zu siegen. Und wie schnell ist sein Sieg vergessen! Wir dagegen kämpfen um einen Preis, der unvergänglichen Wert hat. Ich weiß genau, wofür ich kämpfe. Ich laufe nicht irgendeinem ungewissen Ziel entgegen. Wenn ich kämpfe, geht mein Schlag nicht ins Leere. Ich setze mich für diesen Sieg ganz ein und nehme keine Rücksicht auf meinen Körper. Er muß sich meinem Willen fügen. Denn ich will nicht andere zum Kampf des Glaubens auffordern und selbst untauglich sein oder vorzeitig ausscheiden" (1. Korinther 9, 25-27 – Hoffnung für alle).

Dieses Prinzip, das für jede Leistung wichtig und das Thema dieses Buches ist, kommt aus der persönlichen Erfahrung und dem Zeugnis des Apostels Paulus. Wir müssen alle lernen, das folgende Prinzip der Selbstdisziplin in unseren Alltag umzusetzen: *Auf das weniger Wichtige verzichten, um das Größere und Wichtigere zu erreichen.*

Eine neuartige und positive Art, Selbstdisziplin zu definieren

Im Gegensatz zu dem, was die meisten Leute fälschlicherweise annehmen, ist *Disziplin* nicht ein negativer, sondern ein positiver Begriff. Man kann ihn am besten verstehen, wenn man Disziplin nicht als Selbstzweck versteht, sondern als ein Mittel, ein gewünschtes Ziel zu erreichen. Selbstdisziplin ist eine notwendige Übung, die man nicht umgehen kann, wenn man zum Ziel gelangen will. Mit Selbstdisziplin kann man sich selbst verbessern. Sie erfordert nicht nur, daß man auf das weniger Wichtige verzichtet, um das Wichtigere und Bessere zu erreichen, sondern erfordert auch oft, daß man zwischen dem Besseren und dem Besten wählen muß.

Wenn man selbstdiszipliniert handelt, wählt man das Beste. Die Selbstdisziplin führt zu einer reichen Ernte vieler Vorzüge. Sie ist der Pfeil, der uns hilft, weiter zielgerichtet zu bleiben.

Als ich vor kurzem Synonyme für das Wort *Disziplin* suchte, fand ich Wörter wie diese: Vorbereitung, Entwicklung, Übung und Training. Selbstdisziplin ist also nicht:

- nur Einschränkung, sondern Vorbereitung auf die Freiheit,
- Verlust von Freiheit, sondern der Weg zu größerer Freiheit,
- sich zurückhalten, sondern nach vorne gehen,
- ein Feind, sondern ein Freund,
- Selbstbestrafung, sondern Selbstbeherrschung,
- Sklave sein, sondern Herr sein,
- Selbstzweck, sondern der Beginn und die Durchführung jeder echten und guten Leistung.

Positive Disziplin mit einem bestimmten Ziel

Wenn man die besten Dinge im Leben erreichen möchte, muß man auch einen Preis dafür zahlen. Bei den Olympischen Spielen von 1976 in Montreal war es wirklich ein großer Augenblick, als die Menge dem 26jährigen Bruce Jenner zujubelte, der den Zehnkampf gewann und nun als der beste Athlet der Welt angesehen wurde.

Dieser Augenblick des persönlichen Sieges und des Weltruhms war für ihn nicht leicht zu erreichen gewesen. Jenner hatte lange und hart für den Zehnkampf trainiert, nachdem er 1972 in München den 9. Platz erkämpft hatte. Sportreporter schrieben sogar, daß er vier Jahre lang täglich mehr als sieben Stunden dem Training widmete. Das ist Selbstdisziplin. Denken Sie daran, auf was dieser junge Mann alles verzichtete, um der beste Athlet der Welt zu werden. Aber in dem Augenblick seines Triumphes waren all die Stunden harter Disziplin vergessen, und er erlebte nur noch den Glanz des Erfolges. Die Bibel sagt: „Jeder, der an einem Wettlauf teil-

nehmen will, nimmt harte Einschränkungen auf sich" (1. Kor. 9, 25 – Die Gute Nachricht).
Wahrscheinlich werden Sie nie an einem olympischen Zehnkampf teilnehmen. Aber auch Sie dürfen auf einem anderen Gebiet ähnliche Erfolge erleben. Die ganze Welt und jeder Erfolg gehört dem Menschen, der die Willenskraft aufbringen kann, sich selbst zu disziplinieren. Diese Selbstdisziplin führt dazu, daß der Verstand klarer wird und man schneller denken kann. Ein Mensch, der Selbstdisziplin übt, hat auch körperlich mehr Energie und Kraft zum Durchhalten als andere, die schnell müde werden. Er ist auch derjenige, der gelernt hat, seine Gefühle zu beherrschen, und er bleibt kühl, wenn alle anderen schon den Kopf verlieren. Selbstdisziplin kann Sie „in Form bringen", so daß Sie sich wie ein Sieger und nicht wie ein Verlierer fühlen.

Vier Schritte zu größeren Leistungen und Erfolgen

1. Erkennen Sie, daß Sie Selbstdisziplin brauchen.

In den Hotels hängt manchmal ein Schild an der Tür, wenn jemand länger schlafen möchte. In Großbuchstaben ist darauf zu lesen: *Bitte nicht stören!* Ich kann verstehen, wenn jemand ab und zu einmal das Bedürfnis hat, länger zu schlafen, aber es ist sehr schlecht, wenn man sein ganzes Leben verschläft. Wachen Sie auf! Wachen Sie auf und gestehen Sie sich selbst die Bereiche Ihres Lebens ein, in denen Sie dringend mehr Selbstdisziplin üben müssen.

2. Erkennen Sie, daß es keine Abkürzungen gibt.

So oft wollen wir Menschen Dinge erreichen, ohne zuvor auch etwas dafür einzusetzen. Wir wollen die Frucht der Arbeit, ohne vorher auch wirklich dafür zu arbeiten.
Große Leistungen kommen nur durch Selbstdisziplin zustande. Thomas Edison versagte unzählige Male, bevor es ihm gelang, die Glühbirne zu erfinden. Als man ihn fragte, wie er dieses häufige Versagen empfunden habe, sagte er: „Ich habe nicht oftmals versagt. Ich habe nur oftmals herausgefunden, daß es so nicht klappt!" Sie sehen, Erfolge kommen durch

Selbstdisziplin. Und lassen Sie es uns ganz deutlich sagen: Selbstdisziplin ist harte Arbeit. Um ein disziplinierter Mensch zu werden, müssen Sie sich nicht einmal oder zweimal darum bemühen, sondern von Tag zu Tag immer wieder neu. Sie müssen auf das weniger Wichtige verzichten, um das Größere und Wichtigere zu gewinnen.

3. Finden Sie Ihre Motivation für Selbstdisziplin durch eine persönliche Begegnung mit Jesus Christus.

Als Teenager war ich sehr undiszipliniert. Meine Familie erzog mich in der Disziplin, aber ich hatte wenig oder fast keine Selbstdisziplin aus mir selbst heraus. Ich ließ mich so durch das Leben treiben. Oft ging ich mit dem falschen Fuß nach vorne und ließ Gelegenheiten, dazuzulernen, ungenutzt verstreichen. So vergeudete ich die Möglichkeiten, die Gott mir geben wollte.

Dann bat ich eines Tages Jesus Christus in mein Leben hineinzukommen. Ich verstehe nicht alles, was damals geschah. Aber ich weiß, daß meine Noten plötzlich um einiges besser wurden, als ich Monate nach diesem umwälzenden Ereignis wieder zur Schule ging. Früher war ich ein ziemlich schlechter Schüler, und nun gehörte ich zu den Besten. Was hatte sich verändert? Jesus motivierte mich dazu, auf das weniger Wichtige zu verzichten, um das Bessere zu gewinnen.

Unser Jugendpastor, Dennis Hayes, ist einer der feinsten Menschen, die ich je kennengelernt habe. Die Glieder in unserer Kirche schätzen ihn alle! Dennis kommt aus einer Familie mit fünf Söhnen. Die Eltern dieser fünf Jungen haben sehr gute Arbeit geleistet und fünf selbstbewußte und motivierte junge Männer aufgezogen.

Dennis' Vater, Dan Hayes, wuchs als Gastarbeiter in Kalifornien auf. Vor seinem 18. Geburtstag wußte er nicht, wie es war, abends ins Bett zu gehen, ohne dieses Hungergefühl im Magen zu spüren. Er wuchs in einer Umgebung von Analphabetentum und Armut auf. Heute ist er ein sehr gebildeter und erfolgreicher Mann, der in seinem Beruf und als Ehemann und Vater Hervorragendes leistet.

Eines Tages, als Dan und ich zusammen zu Mittag aßen,

fragte ich meinen Freund: „Wie kamst Du aus der Armut heraus zu diesem Erfolg?"
Er antwortete, daß er in seinem 13. Lebensjahr das Wunder einer geistlichen Wiedergeburt erlebte. Er bat Jesus Christus, sein persönlicher Herr zu werden. Jesus kam in sein Leben, nahm ihn so an, wie er war und sagte zu ihm: „Laß uns zusammen etwas aus Deinem Leben machen!" Mit dem Kommen Jesu in das Zentrum seines Lebens kam in ihn eine innere Energie, die ihn dazu motivierte, etwas Besseres daraus zu machen.
Sie können auch dazu motiviert werden, Ihr Leben zu verbessern, wenn Sie den einen persönlich kennenlernen, der das beste Leben gelebt hat – Jesus. Leider gibt es Menschen, die Nachfolger Jesu wurden und die seinen Aufruf, ein geordnetes, d.h. ein besseres Leben zu führen, noch nicht voll verstanden haben. Kein Christ braucht sich mühsam abzuplagen, ohne motiviert zu sein.
Wenn wir Jesus Christus bitten, in unser Leben zu kommen und Ihn an uns arbeiten lassen, damit Er das gute Werk in uns vollenden kann (Philipper 1, 6), wird es in unserem Leben aufwärts gehen. Wenn Sie täglich Gemeinschaft mit Jesus pflegen, ist dies die ermutigendste und motivierendste Erfahrung, die Sie in Ihrem Leben machen können.

4. Beginnen Sie, in den kleinen, alltäglichen Dingen des Lebens disziplinierter zu werden.

Wenn Sie fest entschlossen sind, ein disziplinierterer Mensch zu werden, fangen Sie bitte mit den einfachen Dingen an: machen Sie jeden Tag Ihr Bett, hängen Sie Ihre Kleider auf, machen Sie nach der Benutzung das Bad sauber, seien Sie zu Verabredungen pünktlich.
Wenn Sie in den kleinen und alltäglichen Dingen des Lebens mehr Disziplin üben, werden Sie auch die Willenskraft bekommen, die Bereiche in Angriff zu nehmen, bei denen es Ihnen schwerer fällt, sich zu beherrschen.
Ich esse so gerne, daß es mir sehr schwerfällt, in meinen Eßgewohnheiten mehr Selbstdisziplin zu üben. Aber es ist interessant, daß ich die Willenskraft habe, mich beim Essen mehr zusammenzureißen, wenn ich die Disziplin aufbringe,

regelmäßig zu joggen. Das Ergebnis ist, daß ich körperlich fit bin.
Disziplin kann mit einem Muskel verglichen werden: Je mehr sie ihn einsetzen, je mehr Kraft haben Sie, um die Dinge zu tun, die Sie gerne tun möchten.
Selbstdisziplin ist eine Entscheidung, die man treffen muß. Nachdem Sie sich mehrere Male bewußt dafür entschieden haben, kann die Selbstdisziplin eine wunderbare Gewohnheit werden. Sie kann für Sie arbeiten, ohne daß Sie überhaupt an sie denken müssen. Aber wir müssen uns die folgende Tatsache vor Augen halten: Selbstdisziplin wird in Ihrem Leben immer dann fehlen, wenn Sie nicht Ihre ganze Willenskraft einsetzen und wenn Sie nicht darin beharren, sich immer wieder neu darin zu üben.
Als ich ein Teenager war, gab mir jemand das Buch *„Ich fordere Dich heraus!"* von William Danforth. Dieses wirklich herausfordernde Buch beginnt mit der Lebensgeschichte von William Danforth:
„Bevor man die Sümpfe durch Abzugsgräben entwässerte, lebte ich als kleiner Junge in einer Gegend, die von Sümpfen umgeben war. In diesen Tagen litten viele Leute an Fieber und Malaria. Als ich in die Stadt zur Schule ging, hatte ich blasse Wangen, und ich war ein schmales Kerlchen. Einer meiner Lehrer war, was wir damals einen Gesundheitsfanatiker nannten. Wir lachten über seine Ideen. Sie gingen in ein Ohr hinein und zum anderen wieder heraus. Aber dieser Lehrer gab nie auf. Eines Tages schien er es besonders auf mich abgesehen zu haben. Mit blitzenden Augen und in einem Tonfall, den ich nie vergessen werde, schaute er mich an und sagte: ‚Ich fordere Dich heraus, der gesündeste Junge dieser Klasse zu werden!'
Dies traf mich wie ein Schlag. Um mich herum sah ich all die Jungen, die viel stärker und robuster waren. Ich sollte der gesündeste Junge der Klasse werden, wo ich doch so dünn und schwach war und mir vorstellte, alle möglichen Sumpfkrankheiten zu haben! Der Mann war verrückt. Aber ich war so erzogen worden, daß ich Herausforderungen annahm. Er sprach weiter und zeigte direkt auf mich: ‚Ich fordere Dich heraus, Deinen Körper mit frischer Luft, reinem Wasser und

gesundem Essen zu versorgen und täglich Sport zu treiben, bis Deine Wangen rosig, Dein Schulterbereich stämmig und Deine Glieder kräftig sind.'
Während er sprach, schien etwas in mir vorzugehen. Mein Blutdruck schien um einiges höher zu sein. Mein Körper reagierte positiv auf diese Herausforderung. Das Blut lief durch meinen Körper bis in die Fingerspitzen, die juckten und den Kampf aufnehmen wollten.
Ich verbannte all das Gift aus meinem Körper, der bald in nichts den stärksten Jungen der Klasse nachstand. Ich habe sogar die meisten von ihnen überlebt. Seit diesem Tag habe ich keinen Tag mehr durch Krankheit verloren. Sie können sich wahrscheinlich denken, wie oft ich für diesen Lehrer dankbar war, der einen blaß aussehenden Jungen herausforderte, der gesündeste Junge der Klasse zu werden."

William Danforth hat eine Firma gegründet und war auf vielen Gebieten ein sehr erfolgreicher Mann. Nicht nur als Industrieller hatte er großen Erfolg, sein ermutigendes Buch und seine Vorträge motivierten und ermutigten viele, auch erfolgreiche Menschen zu werden. In dem Vorwort zu seinem Buch schreibt sein Freund G.M. Philpott: „William Danforth hat immer das Beste gegeben, das er hatte, ob er nun eine große Firma leitete, an das andere Ende der Welt reiste, Enten schoß oder mit seinen Enkelkindern spielte. Der neue Tag war für ihn immer der aufregendste Tag seines Lebens. Die Arbeit, die er gerade anpackte, war die Wichtigste, die er je gemacht hatte. Er gab sich nie mit weniger als seinem Besten zufrieden." Das ist genau, was mit Selbstdisziplin gemeint ist – bei allem, was Sie tun, Ihr Bestes geben.

Möchten Sie das Beste aus Ihrem Leben machen? Möchten Sie den reichen Segen des Erfolgs genießen? Gibt es etwas Besonderes, das Sie in Ihrem Leben erreichen wollen? Dann fordere ich Sie heraus, aus der Masse herauszutreten und:

Verzichten Sie auf das weniger Wichtige, um das Größere und Wichtigere zu gewinnen, und Sie werden ein erfolgreicher und disziplinierter Mensch werden.

Zum Nachdenken

1. Definieren Sie *Selbstdisziplin* mit Ihren eigenen Worten.

2. Machen Sie einen Test um herauszufinden, ob Sie in den folgenden Bereichen Ihres Lebens Selbstdisziplin üben. Geben Sie sich selbst einen bis zu zehn Punkte (ein Punkt wäre „keine Selbstdisziplin", zehn bedeutet „sehr diszipliniert").

   10 Sport
   4 Sexualleben
   10 Gewohnheiten, die Ihre Gesundheit beeinträchtigen
   8 positiven statt negativen Gedanken Raum geben
   10 Eßgewohnheiten
   7 Stimmungen und Launen
   9 Zorn und Ärger
   4 Finanzen
   10 die Bibel lesen
   5 gefühlsmäßige Beherrschung
   5 Gedankenwelt

3. Schreiben Sie die Bereiche Ihres Lebens auf, in denen Sie gerne disziplinierter werden möchten. (1) Körperpfl., (2) Ordnung, (3) Gefühles
   (4) Bibellesen / Gebet, (5) Freizeit, (6) Essen,

4. Was würden Sie im Leben gerne erreichen, und was könnten Sie dadurch erreichen, daß Sie auf das weniger Wichtige verzichten, um das Größere und Wichtigere zu gewinnen?

(6)(1) Fitsein, besseres Aussehen, Gesundheit

(4)(5) Geistl. reife Persönl.keit, Frau des Gebets

(3) Liebende Mutter u. Ehefrau

(2)(3) Ausgeglichene Hausfrau

(2) Schönes Zuhause

2

Sie können das erreichen, was Sie sich am meisten wünschen

Die Schlagzeilen der Zeitungen verbreiteten diese erstaunliche Nachricht: „Japanerin besteigt den Mount Everest." Zum ersten Mal in der Geschichte hatte eine Frau diesen höchsten Berg der Welt, der 8.848 m hoch ist, bezwungen. Es ist unglaublich, aber wahr: Die dreißigjährige Junko Tabei bezwang den schwierigsten Berg der Welt.

Bevor sie ihren historischen Aufstieg begann, sagte Frau Tabei folgendes zu den Reportern: „Frauen sind nicht so stark wie Männer, aber wir können diesen Berg auch besteigen – eben langsam. Jetzt denke ich nur noch an den Aufstieg. Lassen Sie uns über nichts anderes reden."

Wie erreichte Junko Tabei das, was keine andere Frau vor ihr je schaffte? Hinter den Kulissen lagen viele Jahre der Vorbereitung, die geprägt waren von Training, Disziplin und einem sehr festen Willen. Sie hätte diese großartige Leistung nie ohne diese vielen Jahre der Selbstdisziplin vollbringen können. Weil sie auf das weniger Wichtige verzichtet hatte, war sie in der Lage, die schwindelnden Höhen zu besteigen, um diesen großartigen Erfolg zu haben. Können Sie sich die Aufregung und das Gefühl, es endlich geschafft zu haben, vorstellen, das Junko Tabei erfüllte, als sie den letzten Schritt machte und auf die Spitze dieses höchsten Gipfels kletterte? Dieser großartige Augenblick war ihr all das wert, was es sie gekostet hatte, den Mount Everest zu besteigen.

Auch Sie können den Gipfel besteigen.
Sie können das bezwingen, was ihnen heute als ein unbezwingbarer Berg erscheint.
Sie können das erreichen, was sie sich am meisten wünschen, wenn sie alles dafür einsetzen, was sie haben.

Heute bin ich gerade dabei, an dem zu arbeiten, was ich mir immer gewünscht habe. Unsere Kirche feiert bald ihren 11. Geburtstag, und es ist aufregend zu sehen, was Gott alles getan hat. Aus nichts hat Gott etwas Wunderbares geschaffen. Vor elf Jahren war unsere Kirche nur ein Traum, den Gott mir gegeben hatte und den ich nur mit meiner besten und intimsten Freundin, meiner Frau Margi, teilte. Zu diesem Zeitpunkt hatten wir keine Mitarbeiter, kein Geld, keine Unterstützung, aber wir hatten etwas Größeres: Eine Ahnung von dem, was Gott durch uns tun wollte, um den vielen, die der Kirche sehr fern stehen, Heilung und Hoffnung zu bringen.

Am ersten Sonntag, als wir zusammen zu dem Autokino in der 82. Straße in Portland fuhren, um eine Evangelisationswoche zu starten, waren wir zugleich freudig erregt und ängstlich: Wir freuten uns auf das, was Gott tun würde, der das Unmögliche tun kann, und wir hatten auch Angst – wir sind ja auch nur Menschen –, daß niemand kommen würde und wir kläglich versagen würden, wie uns einige unserer Freunde vorhergesagt hatten. Ich muß Ihnen bekennen, daß es ein sehr bescheidener Anfang war. Aber gleichzeitig war ich so von dem wunderschönen Traum erfüllt, daß ich mich weigerte, an die schlechten Erfolgschancen unserer Unternehmung zu denken.

Es war ein Augenblick, den ich nie vergessen werde, als wir die Leiter gegen das Dach der kleinen Imbißstube lehnten. Ich drängte Margi, zuerst die Leiter hochzusteigen, und dann zog sie mich hinter sich nach oben. Koste es, was es wolle: Wir waren Partner in diesem aufregenden, neuen Dienst, den Gott uns beiden gegeben hatte. Wir wußten wenig davon, wie eng Gott unser Leben in der Liebe und im Dienst für Ihn in den kommenden Jahren zusammenschweißen würde.

Als wir auf dem Dach dieser kleinen Imbißstube auf und ab gingen, sahen wir unsere ersten fünfzig Zuhörer. Wir sangen und predigten und fingen an, unseren Traum zu verwirklichen.

In den ersten acht Jahren unseres Predigtdienstes hat sich unsere Kirche in Dutzenden verschiedener Räumlichkeiten zum Gottesdienst getroffen. Als die Stürme der Feindseligkeit kamen, wie das oft der Fall war, wurden wir vertrieben, unsere Räume wurden verkauft und sogar einmal niedergebrannt. Manchmal gab man uns nur drei Tage, innerhalb derer wir ausziehen mußten. Aber jedes Mal reagierten wir auf solch negative Erlebnisse damit, daß wir nach neuen Gelegenheiten suchten, und wir zogen in größere Räumlichkeiten um. Und jedes Mal, wenn wir umziehen mußten, gingen die Leute nicht nur mit uns, sondern es wurden täglich mehr Menschen zu der Gemeinde hinzugetan.

Ja, es hat Zeiten gegeben, in denen ich versucht war, aufzugeben. Manchmal war es sehr schwer. Aber wenn diese rauhen Zeiten kommen, sollte man gerade durchhalten. Wir haben alle widrigen Umstände als eine positive Gelegenheit genutzt. Jeden Rückschlag haben wir mit Gottes Hilfe zu einem Schritt nach vorne benutzt, um noch größere Dinge für Ihn zu tun.

Im Februar 1981 stellten wir unser erstes Kirchengebäude fertig, das Sitzplätze für 1.200 Menschen hatte. Die Kirche liegt sehr günstig auf einem kleinen Hügel. Wir sind nicht nur ganz in der Nähe einer Autobahnausfahrt, sondern liegen auch direkt gegenüber einem der größten Einkaufszentren von Oregon. Es gab wohl kaum eine Kirche, die an einem Ort stand, der für Hunderttausende von Menschen sichtbarer und zugänglicher war. Wir müssen sonntags schon vier verschiedene Gottesdienste anbieten, damit die vielen Menschen „bedient" werden können. Wir haben gerade damit angefangen, die Vision, die Gott uns gegeben hat, zu verwirklichen.

Ich bin der festen Überzeugung, daß auch Sie erleben können, wie Ihre Träume Wahrheit werden. Sie können sich wertvolle Ziele setzen und miterleben, wie diese wahr werden, wenn Sie die Disziplin aufbringen, die folgenden Punkte zu beachten.

1. Wagen Sie zu glauben, daß Sie es schaffen können.

Wie wichtig ist es, daß Sie glauben? Wußten Sie, daß das Evangelium geschrieben wurde, damit Sie glauben würden? Der Schlüsselvers im Johannesevangelium heißt: „Diese aber sind geschrieben, daß ihr glaubet, Jesus sei der

Christus, der Sohn Gottes, und daß ihr durch den Glauben das Leben habet in seinem Namen" (Joh. 20, 31). Dieses Wort *glauben* ist so wichtig, daß es im Johannesevangelium nicht weniger als 98mal erwähnt wird.

Vor einigen Jahren hatte ich das Vorrecht, Lee Braxton persönlich kennenzulernen. Lee ist für jeden eine Ermutigung, der ihn persönlich kennt oder auch nur von seiner Lebensgeschichte gehört hat.

Lee Braxton war das zehnte Kind eines Schmiedes, der immer um seine Existenz kämpfen mußte. Lee Braxton sagt: „Man kann wirklich sagen, daß ich die Armut schon sehr früh in meinem Leben kennenlernte. Durch harte Arbeit schaffte ich es, wenigstens bis zur 6. Klasse in der Schule zu bleiben. Ich putzte Schuhe, lieferte Waren aus, verkaufte Zeitungen, arbeitete in einer Strumpffabrik, wusch Autos und war Hilfsarbeiter bei einem Mechaniker."

Kurze Zeit nach dem er selbst Mechaniker wurde, heiratete Lee. Mit seinem geringen Einkommen hatte es seine Familie sehr schwer, ihren Lebensunterhalt zu finanzieren. Die Schwierigkeiten wurden noch schlimmer, als Lee auch noch arbeitslos wurde. Weil er nicht in der Lage war, die Hypothek für sein Haus zu bezahlen, wurde es ihm weggenommen. Alles schien hoffnungslos zu sein.

Aber wenn Sie Lee Braxton kennen würden, wüßten Sie, daß er ein Mann mit einem sehr starken Charakter ist. Er hat auch einen starken Glauben an Jesus Christus, seinen Herrn. Je schwieriger alles wurde, desto stärker wurde sein Glaube. Neben der Bibel las er auch Bücher, die seinen Glauben immer mehr festigten.

Lee hatte einen Traum, er setzte sich Ziele, und mit unermüdlicher Selbstdisziplin verfolgte er die Verwirklichung seiner Zielsetzung. Lee Braxton gründete die „First National Bank" in Whitefield und wurde deren erster Präsident. Später wurde er zum Bürgermeister dieser Stadt gewählt. Lee hatte sehr hohe Ziele – eigentlich wollte er zum Gipfel. Er hatte sich zum Ziel gesetzt, so reich zu werden, daß er mit 50 Jahren in die Pension gehen könne. Er verwirklichte dies schon 6 Jahre vor dieser Zeit. Mit 44 Jahren hatte er schon die

finanzielle Freiheit, alle seine Fähigkeiten, Talente und Zeit für das Reich Gottes einzusetzen.
Sprächen Sie heute mit Lee Braxton, würde er Ihnen sagen, daß sich sein Leben in dem Augenblick entscheidend verändert hat, als er anfing zu glauben und entsprechend diesem Glauben zu handeln.
Nichts Wertvolles kann geleistet werden, wenn ein Mensch nicht glaubt, daß es getan werden kann. Es ist wirklich erstaunlich, welche großartigen Dinge Gott durch unser Leben vollbringen möchte, wenn wir Ihm nur glauben würden; und zwar nicht nur halbherzig, sondern es von ganzem Herzen tun.
Jemand sagte einmal: „Wenn man glaubt, daß man etwas tun kann, wird man auch nie wegen irgendwelcher Hindernisse aufgeben. Wenn man allerdings glaubt, daß man nichts tun kann, wird man auch eher geneigt sein, schon sehr früh aufzugeben."
Wie wahr! Ohne Glauben wird man nicht nur schon sehr früh aufgeben, man wird oft vielleicht noch nicht einmal aus den „Startblöcken" herauskommen. *Glauben bedeutet, daß es dennoch geschafft werden kann.*
Wie traurig, wenn man in diese Falle des „Ich kann es nicht" geht. Hin und wieder fallen wir alle darauf herein. Wir sagen: „Ich schaffe es nicht" oder „Es kann gar nicht gehen". Wie oft haben Sie dies zu sich selbst oder anderen gesagt?
Ein Mann um die 50, der viele Stunden als Nachtwächter für ein sehr geringes Gehalt arbeitet, erzählte mir, daß er als junger Mann eine einmalige Gelegenheit verstreichen ließ. Er hätte eine gute Ausbildung bekommen und eine gutgehende Firma übernehmen können. Er erklärte, daß er sich nicht zutraute, diese Gelegenheit beim Schopf zu ergreifen, weil er nicht genügend Selbstvertrauen hatte. Jetzt erinnert er sich mit großem Bedauern daran. Was immer Sie tun, lassen Sie nicht zu, daß Sie eines Tages diese traurigen Worte sagen müßten: „Es hätte sein können."
Ich möchte Ihnen einige sehr wichtige Fragen stellen. Erste Frage: *Möchte ich mich wie die Masse durch das Leben treiben lassen, mich kaum anstrengen und auch wenig erreichen?* Wenn Sie diese Frage mit Ja beantworten müssen, haben

Sie ein Problem. Meiner Meinung nach ist es wirklich Sünde, wenn man sein Leben auf diese Weise ungenutzt verstreichen läßt. In der Bibel steht: „Denn wer da weiß, Gutes zu tun, und tut's nicht, dem ist es Sünde" (Jak. 4, 17). Sie möchten sich doch auch darum bemühen, im Leben die besten Dinge zu erreichen oder nicht? Wenn ja, lesen Sie weiter.

Jesus kam, um in Sie die Worte *„ich kann es"* hineinzulegen. Diesen Bibelvers möchte er Ihnen tief ins Herz schreiben: „Ich vermag alles durch den, der mich mächig macht, Christus." (Phil. 4, 13). Ich möchte, daß Sie sich selbst fragen: *Mit Gott als meinem Helfer, was kann ich tun?* Die richtige Antwort finden wir wieder in der Bibel: „Bei den Menschen ist's unmöglich; aber bei Gott sind alle Dinge möglich" (Matthäus 19, 26). Sagen Sie es sich: „Mit Gottes Hilfe kann ich es tun."

Wie kann ich dies tun? Robert war ein sehr erfolgreicher Geschäftsmann. Damit sein Geschäft so erfolgreich war, mußte er oft wochenlange Geschäftsreisen unternehmen. Er liebte seine Frau und seine Kinder so sehr, daß er es einfach haßte, sie immer so lange allein lassen zu müssen. Wenn er zurückkam, brachte er seiner Frau und jedem seiner Kinder immer Geschenke mit, um ihnen seine Liebe zu zeigen.

Die Kleinste in der Familie war ein siebenjähriges Mädchen, das in einen Unfall verwickelt gewesen war und jetzt im Rollstuhl saß. Jeder in der Familie liebte es ganz besonders, und es hatte eine enge Beziehung zu seinem Vater. Wenn sein Vater von der Arbeit nach Hause kam, trug er es auf seinem Rücken durch das ganze Haus. Sie lachten und hatten viel Freude miteinander. Wenn sein Vater geschäftlich unterwegs war, vermißte er es, und es vermißte ihn noch mehr.

Dieses Mal war er zwei Wochen lang weg gewesen und brachte wieder wie gewöhnlich für jeden Geschenke mit. Aber für seine kleine Tochter im Rollstuhl brachte er ein besonderes Geschenk – einen riesigen Stoffbären. Der Bär war so groß wie sie. Als er ihn seiner Tochter gab, sagte seine Frau skeptisch: „Er ist so riesig, wie soll sie ihn denn tragen?" Wie aus der Pistole geschossen, sagte das glückliche kleine Mädchen: „Mutti, ich werde Dir sagen wie. Ich trage den Bären und Vati trägt mich!"

Wenn man es vom menschlichen Standpunkt aus betrachtet, sieht es unmöglich aus. Wenn Sie glauben, daß für Sie etwas unmöglich ist, dann müssen Sie auf diesen Vers hören, der voller Kraft ist: „Ich vermag alles durch den, der mich mächtig macht, Christus" (Phil. 4, 13). Ich verstehe, daß Sie nichts aus sich selbst heraus tun können, aber mit Christi Hilfe können Sie es schaffen. Jesus Christus kann aus gewöhnlichen Menschen außergewöhnliche Persönlichkeiten machen. Wenn wir Ihm erlauben, Herr unseres Lebens zu werden, dann macht es Ihm auch Freude, die besten Kräfte in uns zu mobilisieren und uns Seine Kraft zu geben. Wenn Sie Ihr Bestes geben und Gottes Kraft durch Ihr Leben fließt, können Sie sicher sein, daß Sie Erfolg haben werden.

Am Anfang meines Predigtdienstes habe ich, nachdem ich mehrere interessante Selbsthilfebücher gelesen hatte, länger über Philipper 4, 13 nachgedacht. Der Herr hat mir deutlich gemacht, was ich seitdem das „Glaubensbekenntnis des Erfolgreichen" genannt habe. Kommen Sie auch auf die Seite der Erfolgreichen, indem Sie dieses Glaubensbekenntnis zu Ihrem Motto machen:

Was immer ich mir vorstellen kann und
was ich wage zu glauben,
kann ich mit Gottes Hilfe auch erreichen.

2. Geben Sie Ihre Vision nicht auf, auch wenn sie noch so groß erscheint.

Die Bibel sagt: „Wo keine Weissagung ist, wird das Volk wild und wüst" (Spr. 29, 18). Jeder braucht eine Vision. Ohne eine solche Vision ist ein Mensch dem Leben gar nicht richtig zugewandt, denn sie bringt ihn dazu, morgens aus dem Bett zu springen, alle Sinne beieinander zu haben und kreativ zu werden. Ich glaube, daß es viel besser ist, 35 Jahre lang mit einem Lebenstraum gelebt zu haben, als 75 Jahre ziellos durch das Leben zu gehen.

Visionen heben unsere Stimmung, sie inspirieren und ermutigen uns und geben uns einen ganz neuen Eifer für unseren Alltag. Wo immer Sie leben, wer Sie auch sind, was immer

sich in Ihrem Leben schon ereignet hat, egal wie alt Sie heute sind, es ist für Sie noch nicht zu spät, sich Ziele zu setzen.
Ich glaube, daß Gott uns Ziele steckt. Gott gibt uns wunderbare Ideen, die verwirklicht werden können, wenn wir sie zu *unseren* Ideen machen und sie pflegen. Sie müssen aber Ihre Scheuklappen abnehmen und Ihren Geist öffnen, um diese Ideen zuerst einmal zu empfangen.
Nehmen Sie die Scheuklappen von Ihrem Denken. Haben Sie schon einmal von springenden Flöhen gehört? Nein? Und doch gab es einmal mindestens 10.000 Flöhe, die auf einer Decke auf dem Schreibtisch eines Lehrers ausgebreitet waren. Um sich zu vergnügen, fingen sie ein ziemlich wildes Spiel an, das sie das Springspiel nannten. Höher und höher sprangen sie, immer wieder – sie versuchten, höher als die anderen zu springen. Hoch und runter, hoch und runter.
Dann lauerte ihnen der Lehrer auf und bedeckte sie plötzlich mit einem Glaskrug. Weil sie nicht wußten, was geschehen war, sprangen sie immer weiter hoch und runter und stießen mit ihren Köpfen gegen den Krugdeckel. Aber nachdem sie sich ein paarmal die Köpfe gestoßen hatten, verstanden sie, was los war und sprangen nicht mehr so hoch.
Sie sprangen immer noch hoch, aber nur bis ein paar Zentimeter unter den Glasdeckel. Nach einer Stunde nahm der Lehrer den Glaskrug wieder weg, aber sie merkten nicht, daß sich etwas verändert hatte. Denn jetzt hatten sie in ihrem Kopf diese Vorstellung von der Decke über ihnen. Obwohl der Deckel nicht mehr da war, wollten sie doch nicht versuchen, wieder höher zu springen als die Grenze, die sie sich selbst in ihren Gedanken gesetzt hatten. Wie oft begrenzen wir uns selbst mit diesen eingebildeten Grenzen, die wir uns in unseren Gedanken setzen.
Schon 1864 fingen die Menschen an, daran zu denken, daß man 1 km in vier Minuten laufen könnte. Niemand glaubte aber wirklich, daß man dies schaffen könnte. Deshalb passierte es auch in den darauffolgenden Jahren nicht. Aber 1954 dachte ein Arzt über diese Grenze hinaus und glaubte, daß er es in vier Minuten schaffen könne. Weil er daran glaubte, gelang es ihm auch. Wissen Sie, wieviele Menschen in den nächsten zwei Jahren 1.000 m in vier Minuten liefen,

als diese Grenze einmal durchbrochen war? Es hatte 100 Jahre gedauert, bis ein Mensch diese Grenze durchbrochen hatte, aber in den darauffolgenden Jahren sind 163 Leute 1.000 m in weniger als vier Minuten gelaufen. Was war geschehen? Die Grenze, die die Leute in ihrem Denken hatten, war entfernt. Die erstaunlichsten Dinge können geschehen, wenn wir die Decke von unseren Augen wegnehmen.
Stellen Sie sich folgende Frage: Was möchte ich in diesem Leben, das mir zur Verfügung steht, verwirklichen? Wenn Sie etwas Bestimmtes in dieser Welt erreichen könnten, was Sie sich sehr wünschen würden, was wäre das? Nur noch eines hierzu: Es kostet überhaupt nichts, sich ein Ziel zu stecken, und es macht ganz gewiß sehr viel Spaß. Andrew Carnegie hat es so ausgedrückt: „Der Ursprung jeder Leistung, jedes gewonnenen Reichtums war eine Idee."

3. Entscheiden Sie sich für das, was Sie wollen.

Sie sind jetzt offen für die unendlichen Möglichkeiten, um Dinge, die Sie sich wünschen, in Ihrem Leben zu verwirklichen. Stellen Sie sich jetzt folgende Frage: *Was wünsche ich mir eigentlich am meisten?* Während Sie hierüber nachdenken, nehmen Sie doch bitte ein Blatt Papier, und schreiben Sie diese Dinge auf.
Jetzt muß ich gerade an die unendlich vielen Menschen denken, die ohne Ziel durch das Leben rennen. Weil sie kein wirkliches Ziel haben, erreichen sie am Ende das, was sie sich zum Ziel gesetzt hatten – nämlich nichts, was wirklich wertvoll ist. Natürlich sind sie sehr unzufrieden mit ihren mageren Ergebnissen. Und doch wird sich nichts ändern, solange sie sich nicht selbst dazu entschließen, etwas daran zu ändern. Fassen Sie jetzt den Entschluß, das Leben nicht ziellos verstreichen zu lassen, sondern die Freiheit der Entscheidung, die Gott Ihnen gibt, dazu zu benutzen, um zu bestimmen, was Sie sich in Ihrem Leben am meisten wünschen. Unternehmen Sie dann auch die notwendigen Schritte, um dieses Ziel zu erreichen.
Damit Sie die bestmöglichen Ergebnisse in Ihrem Leben erzielen, rate ich Ihnen, nur den einen, wichtigsten Wunschtraum zu wählen. Leider gibt es einige Menschen, die ihr

Leben damit verbringen, von Dingen zu träumen, die es nicht wert sind, daß man Zeit dafür verwendet. Ich erinnere mich an einen jungen Mann, den ich vor ein paar Jahren seelsorgerlich beriet, und der viel Zeit verschwendete, davon zu träumen, die Frau seines besten Freundes zu gewinnen und sie zu heiraten. Es muß nicht besonders betont werden, daß sich sein Wunschtraum in einen Alptraum verwandelte. Sein Traum hatte keinen bleibenden Wert, obwohl er für ihn eine Zeitlang irgendwie aufregend war.

Überprüfen Sie, ob das, was Sie sich wünschen, wirklich Bestand hat. Machen Sie den folgenden Test. Wann immer Sie eine bestimmte Idee haben, stellen Sie sich selbst folgende vier Fragen:

1. Würde Gott diese Sache gut finden?
2. Würde dies Menschen helfen, die leiden? Mit anderen Worten, würde es ein menschliches Bedürfnis stillen?
3. Ist dies eine glänzende und begeisternde Idee?
4. Würde dies das Beste aus meinem Wesen hervorbringen?

Wenn Sie alle diese vier Fragen mit Ja beantworten können, dann sind Sie dazu fähig, etwas Großartiges zu erreichen.

Warum sollten Sie sich nicht um die besten Dinge im Leben bemühen? Verkaufen Sie sich nicht zu billig. Um das Beste zu erreichen, ist es wichtig, daß Sie klar sehen können, was die besten Dinge sind, nach denen man sich im Leben ausstrekken sollte.

Doris hatte es sich nicht nur zum Hobby gemacht, durch Antiquitätengeschäfte zu stöbern, sondern sie war auch eine Expertin darin geworden, wertvolle Antiquitäten aufzufinden. Sie hatte es sogar schon so weit gebracht, daß sie Wertvolles entdeckte, das im Geschäft unter völlig wertlosen antiken Gegenständen verkauft wurde. Eines Samstags, als sie in ihrer Nachbarschaft einen heruntergekommenen Laden durchstöberte, stieß sie auf eine sehr wertvolle antike Vase. Sie war so von Staub und Schmutz bedeckt, daß sie völlig wertlos aussah. Aber in den Händen einer geschickten

Antiquitätenhändlerin wurde ihr wirklicher Wert bald deutlich, nachdem der Staub weggewischt war.
Doris kaufte diese Vase für 50 DM, nahm sie mit nach Hause, reinigte sie sorgfältig und verkaufte sie nach ein paar Tagen für 1000 DM. Das ist doch ein toller Profit? Interessanterweise waren Hunderte von Leuten durch den gleichen Laden gegangen – viele von ihnen hatten diese 50 DM Vase vielleicht sogar in die Hand genommen – aber weil sie nur das Äußere betrachteten, blieb ihnen ihr wahrer Wert verborgen.

In unserer heutigen Gesellschaft gibt es sehr viele Menschen, die sich mit den weniger wertvollen Dingen des Lebens zufrieden geben. Sie lassen sich in der Masse treiben und dabei die wirklich wertvollen Dinge entgehen, die manchmal direkt in ihrer Nähe zu finden sind. Diese Dinge, die von höchstem Wert sind, können gefunden werden, indem man Jesus Christus persönlich kennenlernt. Sie sind einzig und allein ewig – sie werden bleiben, wenn auch alles andere vergeht. Jesus hat das so ausgedrückt:
„Ihr sollt euch nicht Schätze sammeln auf Erden, da sie die Motten und der Rost fressen und da die Diebe nachgraben und stehlen. Sammelt euch aber Schätze im Himmel, da sie weder Motten noch Rost fressen und da die Diebe nicht nachgraben noch stehlen. Denn wo euer Schatz ist, da ist auch euer Herz" (Matthäus 6, 19-21).
Haben Sie von dem Prinzip gehört, wie man in der Welt den größten Erfolg haben kann? Hier ist der Schlüssel zu echtem, bleibendem Erfolg: „Denk an ihn bei allem, was du tust, er wird dir den richtigen Weg zeigen" (Spr. 3,6 – Die Gute Nachricht).
Wahrer Erfolg kommt dann, wenn wir Gott an die erste Stelle setzen und dann unsere Prioritäten auf der Grundlage der Lehren unseres Herrn in der Bibel festlegen.
In der Schule des Leidens und in der Gemeinschaft mit Jesus als meinem Herrn und aus der Anwendung der Lehren der Bibel habe ich ein System von Prioritäten entwickelt in bezug auf das, was für mein Leben am wichtigsten ist. Ich möchte Ihnen diese mitteilen, damit Sie herausgefordert werden,

Ihre eigenen Prioritäten auf dem soliden Felsen des Herrn Jesus und der Bibel aufzubauen:

1. Meine Beziehung zu Jesus bedeutet mir mehr als irgend etwas anderes in meinem Leben.
2. Meine Liebesbeziehung zu meiner Frau und meinen vier Kindern ist mir wichtiger als jede andere zwischenmenschliche Beziehung in meinem Leben.
3. Die Arbeit in der Gemeinde, die Gott mir anvertraut hat, ist das wofür ich alles einsetze, was ich habe, um in dieser Arbeit Außergewöhnliches zu leisten.
4. Freundschaften und zwischenmenschliche Beziehungen sind mir wichtiger als materielle Dinge.
5. Geld ist mir wichtig, weil ich Gutes damit tun kann. Es wird mir von Gott geschenkt, damit ich es einsetze und anderen davon gebe.

Was zählt am meisten in Ihrem Leben? Haben Sie Ihre Prioritäten richtig eingeteilt? Wenn Sie die Ihrigen richtig festgelegt haben, sind Sie auch bereit, das Ziel zu formulieren, das Sie sich als erstes in Ihrem Leben gesetzt haben.
Ich möchte in einer Geschichte erläutern, wie wichtig es ist, daß sich jeder von uns gewisse Ziele setzt. Ich möchte Ihnen von einem Basketballteam an einem Gymnasium erzählen. Stephans brennender Wunsch war es, seine Basketballmannschaft so weit zu bringen, daß sie die Meisterschaft gewinnen könnte. Sein Wunschtraum wurde auch der aller seiner Spieler. Die Jungen trainierten einen ganzen Sommer lang und spielten jeden Tag unzählige Stunden Basketball. Als der Herbst kam, verzichteten sie darauf, auch beim Fußballteam mitzuspielen, damit sie ihr Basketballspiel noch weiter verbessern konnten, bevor die Saison eröffnet wurde. Diese Jungen verzichteten in dieser Zeit sogar darauf, mit Mädchen auszugehen, damit sie sich nur auf dieses eine Ziel konzentrieren konnten – die Meister zu werden.
Als die Basketballsaison begann, gewann dieses Team jedes Spiel, und jedes neue Spiel brachte sie dem endgültigen Sieg näher. Heute ist der Abend des letzten, entscheidenden Spiels. Das Team hat noch ein letztes Aufwärmtraining, und jetzt sind die Spieler körperlich bereit.

Das Team geht in die Kabinen für eine letzte aufmunternde Rede ihres Trainers. Diese Aufmunterung brauchen sie eigentlich gar nicht – das Adrenalin schießt ohnehin schon durch ihre Körper. Jeder kann sehen, daß sie das Spiel gewinnen wollen. Jetzt geht es gleich los – sie rennen aus den Kabinen und zertrümmern fast die Tür auf ihrem Weg zum Spielfeld. Aber ganz plötzlich bleiben sie völlig verstört stehen, und bald machen sich Frustration und Zorn bei ihnen bemerkbar. Sie sehen, daß jemand die Zielkörbe abmontiert hat. Sie fragen zornig, wie sie denn ohne diese Ziele spielen sollten. Jeder weiß, daß man ohne diese Körbe nicht Basketball spielen kann. Wie sollte man denn sonst die Punkte zählen können? Keiner wüßte, ob man nun in den Korb getroffen hat oder nicht. Sie sehen: Wenn man Basketball spielen will, braucht man Ziele, die man anpeilen muß.
Wie steht das bei Ihnen? Wollen Sie versuchen, das Spiel des Lebens ohne Ziele anzugehen? Wenn dies der Fall ist, ist es kein Wunder, daß Sie frustriert sind. Ist es erstaunlich, daß Sie immer wieder versagen und nichts erreichen?
Einmal aß ich mit einem befreundeten Pastor unserer Stadt zu Mittag. Wir unterhielten uns über unseren Dienst und die verschiedensten Wunschträume. Da fragte mich mein Freund: „Dale, was würdest Du anders machen, wenn Du noch einmal beginnen würdest, diese Kirche zu gründen?" Ich dachte intensiv über diese Frage nach. Wissen Sie, mir fiel absolut nichts ein, das ich anders machen würde. Um die Wahrheit zu sagen, ich hatte das Gefühl, daß es nicht sehr demütig sei, wenn ich das meinem Freund erzählen würde. Aber ich erklärte ihm, daß das daran liegt, weil meine Vorstellungen zu konkreten Zielen geworden waren, bevor ich meinen Dienst vor elf Jahren aufnahm.
Auch Sie können erleben, wie ihre Ziele sich verwirklichen, wenn Sie sich die Zeit nehmen, sie nicht nur verschwommen, sondern sie sehr konkret zu formulieren.

4. Fangen Sie einfach an.

Ich gebe es nur sehr ungern zu, daß ich beinahe die ganze Pionierarbeit der Kirche gar nicht angefangen hätte. Sie fragen mich: „Hatte Gott Ihnen denn nicht einen wundervollen Traum gegeben?" Doch, das hatte Er. „Wieso hätten Sie es dann beinahe nicht gewagt?" Weil ich Angst davor hatte zu versagen. In dem Entscheidungskampf, ob ich meinen Traum verwirklichen oder lieber fallenlassen sollte, hatte ich das Vorrecht, mich mit meinem Freund, Dr. Robert Schuller, zu treffen, der gerade in unserer Stadt war. Ich fragte ihn, der ein Spezialist in diesen Fragen war, was ich tun solle. Es war nicht seine Schuld, daß ich ihn an diesem Tag ziemlich enttäuscht verließ. Später erkannte ich, daß ich einfach jemanden finden wollte, der mir garantieren könnte, daß ich Erfolg haben würde, sollte ich meinen Traum verwirklichen. Aber niemand konnte das letztlich garantieren. Glücklicherweise habe ich ein paar Tage später noch einmal eines der Bücher von Dr. Schuller gelesen. Ich entdeckte einen mir schon bekannten Satz, der mir inzwischen sehr viel für meine Pionierarbeit bedeutete: *„Ich würde lieber etwas großes für Gott tun und darin versagen, als nichts zu tun und Erfolg damit zu haben."* Als ich diese Worte las, packten sie mich. Ich faßte den Entschluß, daß der Preis, wenn ich ihn gewinnen würde, es wert war, das Risiko einzugehen. An diesem Tag war ich also dazu entschlossen, nach vorne zu gehen und ins kalte Wasser zu springen – koste es, was es wolle. Ich setzte mir einen Termin, um mit meinem Dienst an der Kirche anzufangen. Bevor ich mir nicht diesen festen Termin gesetzt hatte, geschah überhaupt nichts. Danach begannen alle meine kreativen Energien zu fließen, damit aus dem Traum Wirklichkeit wurde. Jemand hat einmal gesagt, daß man ein Vorhaben fast schon verwirklicht hat, wenn man erst einmal damit anfängt, aktiv zu werden.

Während dieser elf Jahre unseres Dienstes in der Kirche haben wir nie aufgehört, auch das Risiko einzugehen, völlig zu versagen. Jedesmal, wenn wir einen Schritt nach vorne zu einer neuen Phase in unserem Dienst machten, mußten wir wie die Schildkröte unsere Köpfe herausstrecken. Aber das Leben ist dann auch voller Abenteuer. Ich weiß, daß wir an dem Tag aufhören werden, die großen Träume zu verwirklichen, die Gott uns gibt, an dem wir nicht mehr bereit sind, Wagnisse einzugehen.

Möchten Sie einen wundervollen Traum verwirklicht sehen? Wischen Sie Ihre Ängste mit einem starken Glauben an Gott weg, gehen Sie bewußte Schritte nach vorn, und fangen Sie einfach an!

5. Widmen Sie sich voll Ihrer Aufgabe.

Setzen Sie sich voll dafür ein, Ihr Ziel zu erreichen. Dafür muß man auch immer einen Preis zahlen. Je größer das Ziel ist, desto größer wird der Preis sein, den man zu seiner Verwirklichung bezahlen muß. Eines Tages kam ein junger Mann zu Jesus. Er wollte das ewige Leben haben. Jesus sagte ihm ganz offen, welchen Preis er zahlen müßte, um wirklich ewiges Leben zu bekommen. Der junge Mann war nicht bereit, diesen hohen Preis zu zahlen. Er ging traurig davon. Viele Menschen schaffen es nie, ihre Ziele zu verwirklichen, weil sie einfach nicht bereit sind, sich ganz einzusetzen und die nötigen Anstrengungen auf sich zu nehmen, damit ihr Traum wahr wird.
Niemand wird das bekommen, was er sich am meisten wünscht, wenn er es sich nur in Gedanken ausmalt. Die besten Dinge im Leben erreichen nur diejenigen, die sich disziplinieren und hart für eine Sache arbeiten. Einige Leute sind so dumm, sich vorzumachen, daß Gott für sie das tun wird, was eigentlich ihre eigene Aufgabe ist. Gott, unser himmlischer Vater, wird niemals etwas für uns tun, was wir für uns selber tun können. Dafür ist Er zu weise. Er weiß, daß wir die Disziplin brauchen, um unser Bestes zu tun; und dies nicht nur, um den Preis zu gewinnen, nach dem wir uns ausstrecken, sondern auch für unsere charakterliche Entwicklung.
Die Geschichte von Rocky Bleier hat mich sehr begeistert. Sie beginnt am 7. Januar 1968, als der nationale Fußballverband sich wie jedes Jahr nach neuen Spielern umsah.
Obwohl Rocky von berühmten Leuten trainiert wurde, war er bei keinem der Fußballteams sehr erwünscht. Die Wahrheit war, daß ihn die meisten Teams überhaupt nicht auf der Liste der begehrten Spieler hatten. Einer sagte von ihm: „Ich glaube, daß es dieser Junge nicht sehr weit bringen wird." Dennoch geschah es, daß er von einem Team aufgenommen

wurde. Dieser Klub wählte in diesem Jahr 18 neue Spieler, und Rocky war der achtzehnte.

Bevor Rocky eine Chance bekam, im Fußball eine professionelle Karriere zu machen, wurde er in die Armee eingezogen und nach Vietnam geschickt. Als er nach neun Monaten wieder zurückkehrte, war sein rechter Fuß etwas kleiner als sein linker. Eine Granate war in der Nähe seines Fußes explodiert. Die Armee bezeichnete Rocky als 40% behindert. Aufgrund der Verletzungen, die er sich an den Bändern, Sehnen und Muskeln dieses Fußes zugezogen hatte, sagten Experten, er könnte von Glück sagen, wenn er es je schaffen würde, wieder normal laufen zu können.

Als die Wunden langsam verheilt waren, begann er damit, hart an sich selbst zu arbeiten. Beim ersten Versuch, eine längere Strecke schnell zu laufen, hatte er solche Schmerzen, daß er zusammenbrach. Zu dieser Zeit konnte Rocky weder laufen noch rennen, ohne fast unerträgliche Schmerzen zu haben.

Aber dieser junge Mann, der es sich zum Ziel gesetzt hatte, ein professioneller Fußballspieler zu werden, weigerte sich, aufzugeben. Im wahrsten Sinne des Wortes riß er sich jeden Morgen um 5 Uhr aus dem Bett und siegte mit seinem Willen über seinen Schmerz, wenn er stundenlang die Stufen des Fußballstadions herauf und herunter lief. Nachdem er so lange gelaufen war, bis er einfach nicht mehr konnte, ging er in den Übungsraum, wo er sich durch Gewichtheben einem strengen Training unterwarf, um seine Muskulatur zu stärken.

In diesen ersten zwei Jahren, als sich Rocky für das Fußballtrainingslager bewarb, fehlten ihm die körperlichen Fähigkeiten, um in ein Team aufgenommen zu werden. Alle glaubten, daß Rockys Chancen, je professionell Fußball zu spielen, gleich null waren. Aber Rocky war fest entschlossen. Er wollte unbedingt seinen Traum verwirklichen und professioneller Fußballspieler werden.

Außerhalb der Saison mietete er sich eine Wohnung in Chicago. Dort, in dieser eiskalten windigen Stadt, stand er oft vor der Morgendämmerung auf, um zu laufen. Mit seiner Entschlossenheit schaffte er es, seinen Körper weit über das hinaus zu trainieren, was dieser sonst geschafft hätte. In dem Maße, wie er sich selbst immer weiter antrieb, geschahen wunderbare Dinge. Sein Körper reagierte langsam auf das harte Training, so daß er immer mehr an Kraft gewann. Nachmittags arbeitete Rocky als Versicherungsvertreter, um sich seinen Lebensunterhalt zu verdienen. Abends machte er dann mit seinem Fitnessprogramm weiter. Jeden Abend trainierte er zwischen drei oder vier Stunden, bis er völlig erschöpft ins Bett fiel.

Nach ein paar Jahren dieser rauhen körperlichen Zucht bewarb sich Rocky wieder beim Fußballtrainingslager. Jeder wunderte sich darüber, daß dieser Junge, von dem man nie vermutet hätte, daß er je in der Lage sein würde, professionellen Fußball spielen zu können, ins nationale Fußballteam aufgenommen wurde. Es war unglaublich, aber wahr: Er lief den 50 m-Lauf schneller, als zu der Zeit vor seinem Unfall in Vietnam. Drei Jahre beharrlicher und zäher Disziplin machten sich für diesen harten Jungen bezahlt, der sich geweigert hatte, seinen Traum aufzugeben. Man hatte geglaubt, ihm einen Gefallen zu tun, als man ihm sagte, er solle aufhören, Fußball zu spielen; aber Rocky Bleier gab seinen Wunschtraum nicht auf. Von 1975 - 1980 war Rocky Bleier einer der Schlüsselspieler, der mit dazu beitrug, daß die Mannschaft so lange ihren Meistertitel halten konnte.

Die Menschen, die die besten Dinge im Leben erreichen, sind solche, die bereit sind, alles einzusetzen und den Preis für den Erfolg zu zahlen. Auch Sie können bekommen, was Sie sich am meisten wünschen, wenn Sie auf das weniger Wichtige verzichten, um das Größere und Wichtigere zu gewinnen.

6. Entschließen Sie sich, „am Ball zu bleiben".

Einer der Hauptgründe, warum bei so vielen Menschen nie ihre Träume in Erfüllung gehen, besteht darin, daß sie sofort aufgeben, sobald sie nur einen kleinen Rückschlag erleben.

Ich habe die Beobachtung gemacht, daß erfolgreiche Menschen ganz einfache Leute sind, die jedoch fest davon überzeugt sind, daß das, was sie tun, etwas sehr Wertvolles ist. Sie weigern sich hartnäckig, ihr Ziel aufzugeben, bis sie es erreicht haben. Ganz normale und einfache Menschen können außergewöhnliche Projekte verwirklichen, wenn sie nicht aufgeben.

Jemand hat mir einmal diese kleine Geschichte erzählt: Ein Vater versuchte seinen entmutigten Sohn aufzumuntern, indem er sagte: „Gib nicht auf – gib nie auf!" Der Junge antwortete: „Aber ich kann diese Mathematikaufgaben überhaupt nicht lösen." Der Vater antwortete: „Denke immer daran, mein Sohn, daß die Menschen, an die man sich erinnern wird, Menschen sind, die nie aufgegeben haben wie z.B. Thomas Edison. Und denke nur an Theodor McPringle." Der Junge fragte: „Wer war Theodor McPringle?" „Siehst Du", sagte der Vater, „Du hast noch nie von ihm gehört … Er hatte aufgegeben."

Wenn Sie den Segen genießen wollen, den Sie erfahren, weil Sie in Ihrem Leben wertvolle Dinge erreicht haben, dann müssen Sie eine ganze Reihe von Hindernissen überwinden. Je wertvoller die Sache ist, die Sie zu erreichen versuchen, desto größer werden die Hindernisse sein. Sie können damit rechnen, daß es auf dem Weg zu Ihrem ersehnten Ziel viele Schwierigkeiten geben wird. Wenn eine Sache nur schwer zu erreichen ist, dann sollte man nicht in Panik geraten und aufgeben. Es ist dann an der Zeit, daß man diese Sache noch hartnäckiger zu erreichen sucht. Wenn eine Sache nur sehr schwer zu erreichen ist, dann sollte man gerade „am Ball bleiben!"

Manchmal kann es sehr lange dauern, bis man etwas Bestimmtes erreicht. In solchen Zeiten stehen wir in der Versuchung, entmutigt zu werden und aufzugeben. Wußten Sie, daß die Durchschnittsgeschwindigkeit der „Santa Maria" von Kolumbus auf ihrer Reise über den Atlantik nur zwei Meilen in der Stunde betrug? Das war so langsam, daß der kühnste und erfahrenste Segler den Mut verlieren konnte. Außer dieser Schneckengeschwindigkeit hatten sie auch noch mit den mächtigen Stürmen und einem aufgepeitschten Meer zu kämpfen. Trotzdem hat Kolumbus sein Schiff durch alle schwierigen Umstände hindurchgeführt und seinen Traum verwirklicht. Kolumbus und seine Mannschaft boten mutig auch den schwierigsten Situationen die Stirn. Sie gaben nicht auf und blieben beharrlich auf ihrem Kurs – nur so konnten sie Amerika entdecken.

„Tapferer Admiral, sage uns nur ein ermutigendes Wort:
Was sollen wir tun, wenn wir überhaupt
keine Hoffnung mehr haben?"
Seine Antwort war durchdringend wie ein Schwert:
„Weitersegeln, immer weiter vorwärts segeln!"

(Joaquin Miller in dem Buch „Columbus")

Befinden Sie sich gerade in einer schwierigen Situation? Sieht alles völlig unmöglich aus? Haben Sie das Gefühl, aufgeben und davonrennen zu müssen? Denken Sie einmal daran, was der amerikanische General Douglas MacArthur sagte, als seine Truppen in Korea schlimme Rückschläge hinnehmen mußten, bis sie schließlich vor dem Meer standen und nicht weiter konnten. Jemand fragte den General, wie er über diese verzweifelte Situation denke, und er antwortete mit den folgenden beeindruckenden Worten: „Ich war nie mehr von unserem Sieg überzeugt als heute." Er hatte recht. Es dauerte nicht lange, bis sich das Blatt wendete. Er führte seine Armee durch alle Schwierigkeiten hindurch zum Sieg.
Es gibt einen weit mächtigeren General, der Ihnen helfen kann. Er ist kein Fünfsterne-General. Er ist der Befehlshaber der Armeen Gottes. Sein Name ist *Jesus*. Er führt uns. Schauen Sie auf Jesus! Folgen Sie Ihm. Er wird Sie durch alles hindurch zum Sieg bringen! *„Ich vermag alles durch den, der mich mächtig macht, Jesus Christus."*

Mit Gottes Hilfe
können Sie gute Ideen bekommen,
Sie können wagen und glauben,
ihr Ziel zu erreichen und Erfolg zu haben.

3

Was hat Disziplin mit Ihrer Gesundheit zu tun?

Vor kurzem fragte ich eine Mutter von drei kleinen Kindern: „Wie kennzeichnet sich gute Gesundheit?" Sie sagte: „Meiner Meinung nach hat man eine gute Gesundheit, wenn man jeden Morgen aus dem Bett aufstehen und einen neuen Tag bestehen kann." Ich fragte einen Geschäftsmann mittleren Alters, was für ihn gute Gesundheit sei. Er sagte: „Ich bin seit drei Jahren nicht mehr beim Arzt gewesen. Ich halte mich also für jemanden, der völlig gesund ist."

Woran denken Sie bei den Worten *gute Gesundheit?* Bedeuten sie, daß man nicht krank ist oder nur einmal in der Woche Kopfschmerzen hat? Bedeutet das bloße Nichtvorhandensein einer Krankheit, daß ein Mensch völlig gesund ist. Wenn Sie glauben, daß man nur deswegen eine gute Gesundheit hat, weil man nicht krank ist, dann klammern Sie sich an eine sehr begrenzte Vorstellung von guter Gesundheit.

Eine gute Gesundheit ist soviel mehr als nur das reine Nichtvorhandensein eines Schnupfens oder einer chronischen Krankheit. Sie beinhaltet nämlich auch, daß man tief Luft holen kann, einen hüpfenden Schritt macht, Energie hat, um Probleme anzugehen, genug Kraft hat, um mit Eifer an einer Sache zu bleiben, wenn andere schon längst müde geworden sind und aufgegeben haben.

Gott möchte, daß Sie eine gute Gesundheit haben und über ein hohes Maß an Energie verfügen: „Mein Lieber, ich wünsche in allen Stücken, daß dir's wohl gehe und du gesund seiest, so wie es deiner Seele wohl geht" (3. Johannes 2).

Das Alte Testament ist voller detaillierter Vorschriften in bezug auf die Gesundheit. Ein großer Teil des 3. Buchs Mose beschäftigt sich mit der Gesundheit und dem Wohl des Volkes Gottes. Zum Beispiel werden Richtlinien gegeben, welches Fleisch man essen darf und welches Fleisch unrein ist

(3. Mose 11). Wir wissen heute aufgrund moderner wissenschaftlicher Erkenntnisse, daß das Fleisch, das dort unrein genannt wurde, wahrscheinlich zu einem sehr hohen Grad verseucht war.
In 4. Mose 19 und 5. Mose 23 wird den Kindern Israel gesagt, wie sie sich reinigen sollen, nachdem sie einen toten Körper berührt haben. Sie bekommen genaue Anordnungen, daß sie sich wiederholt mit Wasser waschen sollen. Sie sollen Zeit verstreichen lassen, um ihre Hände in der Sonne zu trocknen, damit Bakterien absterben. Gott gab ihnen das Gesetz und wenn sie ihm gehorchten, wurden sie vor den Viren bewahrt, die Krankheiten auslösten, obwohl sie damals noch nichts von Bakterien und dergleichen wußten.
Lange bevor die moderne Wissenschaft die entscheidende Bedeutung der Hygiene und sanitärer Einrichtungen für die Gesundheit entdeckte, gebot Gott seinem Volk, was sie tun sollten: „Und du sollst draußen vor dem Lager einen Platz haben, wohin du zur Notdurft hinausgehst. Und du sollst eine Schaufel haben, und wenn du dich draußen setzen willst, sollst du damit graben; und wenn du gesessen hast, sollst du zuscharren, was von dir gegangen ist" (5. Mose 23, 13 + 14).
In der Bibel finden wir immer wieder Beweise dafür, wie besorgt Gott um unsere körperliche Gesundheit und unser seelisches Wohl als Sein Volk ist. Alle Seine Gebote, die Er uns gab, damit wir ihnen gehorchen, haben unser ganzes Wohlbefinden und unsere körperliche, gefühlsmäßige und geistige Gesundheit zum Ziel.
Aber im Gegensatz zu dem, was die meisten Leute denken, ist Gott nicht dazu da, alles für uns zu tun. Er wird für uns nicht das tun, was wir selbst in die Hand nehmen können. Jedem von uns hat Gott die Verantwortung übertragen, für die Gesundheit und das Wohlbefinden seines Körpers und seiner Seele zu sorgen. Jemand sagte einmal: „Dein Leben ist ein Geschenk Gottes an Dich. Was Du aus Deinem Leben machst, ist Dein Geschenk, das Du an Gott zurückgibst."
Mit anderen Worten: Gott hat Ihnen die Verantwortung übertragen, für sich selbst zu sorgen. Wenn Sie dies gut machen, werden Sie den reichen Lohn einer guten Gesundheit und einer großen Menge an Energie ernten. Wenn Sie sich nicht

selbst an die Kandare nehmen und keine Selbstdisziplin üben, dann werden Sie sich durch das Leben quälen und nur den Wunsch haben, sich endlich besser fühlen zu können.
Ich erinnere mich daran, wie aufgeregt ich war, als ich endlich in das Fußballteam meines Gymnasiums aufgenommen wurde. Seit frühester Kindheit war es mein Traum gewesen, Fußball zu spielen und Mitglied des Teams zu werden. Als ich dann aufgenommen wurde, hatte ich einen so starken Wunsch zu spielen, daß ich bereit war, alles zu tun, was der Trainer von mir verlangen würde. Wenn er vorschlug, daß wir nur noch bestimmte Dinge essen sollten, dann befolgte ich seinen Rat. Wenn er von uns verlangte, früh ins Bett zu gehen, gehorchte ich. Als er im Frühling ein Fitnessprogramm für den Sommer aufstellte, damit wir in guter Form ins Trainingslager kommen sollten, befolgte ich jede seiner Anweisungen. Ich war bereit, jeden Preis zu zahlen, weil ich so gerne in einem Fußballklub spielen wollte, der gewinnen sollte.
Diese Zeit ist längst vorbei. In den folgenden Jahren habe ich erkannt, daß es ein viel wichtigeres Spiel als das Fußballspiel gibt. Das ist das Spiel des Lebens. Ich habe auch entdeckt, daß man ebenso fit sein muß wie beim Fußball, wenn man in diesem Spiel des Lebens Erfolg haben möchte. Wenn man den Preis der Selbstdisziplin bezahlt, um Körper und Seele fit zu erhalten, wird man mit einer guten Gesundheit und guten Leistungen reich belohnt. Wenn man auf der anderen Seite zuläßt, daß man sich undiszipliniert und wie ein Schwächling durch sein Leben treiben läßt, dann wird man auch die Konsequenzen einer schlechten Gesundheit ernten.
Ich möchte Ihnen jetzt drei Prinzipien anbieten, die Ihnen helfen werden, sich nicht nur von Krankheiten des Körpers und der Seele freizuhalten, sondern die auch grenzenlose Energien in Ihnen freisetzen werden. Wenn Sie selbst eine gute Gesundheit und mehr Energie haben wollen, dann sollten Sie diese drei positiven Prinzipien praktizieren.

1. Achten Sie auf das, was Sie essen.

Ihr Körper ist der Tempel Gottes:
„Oder wisset ihr nicht, daß euer Leib ein Tempel des Heili-

gen Geistes ist, der in euch ist, welchen ihr habt von Gott und seid nicht euer selbst? Denn ihr seid teuer erkauft; darum so preiset Gott an eurem Leibe und in eurem Geiste, welche sind Gottes" (1. Korinther 6, 19 + 20).

Wie gut sorgen Sie für den Tempel Gottes – für Ihren Körper? Ist er in sehr guter Form oder ein bißchen heruntergekommen? Ich finde es tragisch zu sehen, wie viele Leute dem Tempel Gottes Schaden zufügen.

Zu Beginn möchte ich Ihnen eine penetrante Frage stellen, die Sie vielleicht etwas belustigend finden werden. *Warum essen Sie überhaupt?* Nachdem ich mir selbst vor kurzem diese Frage stellte, erkannte ich, daß ich esse, um meinen Hunger zu stillen. Ich esse aber auch aus Gewohnheit. Ich esse das, was mir schmeckt. Viel zu oft hat mein Appetit darüber entschieden, was und wieviel ich gegessen habe.

Ich habe eine ganz neue Erkenntnis in bezug auf das Essen gemacht: Unsere Gesundheit und nicht unser Appetit sollte der Hauptgrund sein, warum wir essen.

„Tiere fressen; der Mensch hat einen Verstand und weiß alleine, wie man richtig ißt" (Anthelme Brillat-Savarin). Fangen Sie damit an, Ihr Leben richtig zu meistern, indem Sie selbst bestimmen, was Sie essen. Ihre Eßgewohnheiten bestimmen darüber, wie Sie sich geben, wie Sie aussehen und wie Sie sich fühlen. Howard Long, der Präsident des amerikanischen Instituts für körperliche Fitness in Los Angeles sagte hierzu: „Eine gesunde Ernährung hat eine bleibende und dynamische Auswirkung auf die Gesundheit."

Eine richtige Ernährung, die nur durch ausgewogene Eßgewohnheiten erreicht werden kann, wird:

- zu Ihrer geistigen Stabilität beitragen,
- Herzprobleme zu einem großen Teil abbauen,
- dafür sorgen, daß Ihre Arterien gereinigt sind,
- Sie vor allerlei Krankheiten bewahren,
- die Gesundung Ihres Körpers beschleunigen,
- Ihnen einen starken und widerstandsfähigen Körper geben,
- Ihnen in Ihrem Alltag mehr Vitalität, Energie geben.

Wenn Sie sich wohl fühlen wollen, müssen Sie zuerst einmal das Richtige essen. In den Zeiten des Alten Testaments gebot Gott den Kindern Israels nicht das Fett von Tieren zu essen (vgl. 3. Mose 3, 17; 7, 23.24). Dies war einige tausend Jahre, bevor die moderne Wissenschaft uns über das Problem von Cholesterin informierte, das auf zuviel tierisches Fett im Blut zurückzuführen ist. Ernährungswissenschaftler sagen uns, daß neun von zehn Personen eine schädliche Menge von Zukker essen. Lassen Sie es uns doch zugeben: Die meisten von uns nehmen zuviel wertlose Nahrung zu sich, die keinen oder nur wenig Nährwert besitzt. Wäre es da nicht vernünftiger, unser Essen ein bißchen mehr auszuwählen, damit wir uns wieder rundum wohler fühlen können?

Die Gesundheit hängt aber nicht nur davon ab, *was* man ißt, sondern auch *wieviel* man ißt. Zuviel essen ist eine Sünde. Die Bibel nennt das Freßsucht. Es ist einfach so, daß Sie immer mehr überflüssige Pfunde zunehmen, wenn Sie an einem Tag mehr Kalorien zu sich nehmen, als Sie in Energie umwandeln können. Wenn Sie dies einen Monat lang jeden Tag tun, nehmen Sie einige ungesunde Pfunde zu.

Übergewicht zu haben, zerstört das Selbstbild. Es nimmt einem sehr viel Energie. Es ist ein Feind unserer Gesundheit. Es ist nichts Neues, daß Menschen, die zuviel essen, schneller sterben, weil sie durch ihr Übergewicht besonders anfällig für Krankheiten werden. Hier ist ein ernüchternder Gedanke, den Sie berücksichtigen sollten: Mit jedem Pfund Übergewicht vermindert sich unsere Lebenserwartung. Die Bibel sagt zu diesem Thema: „Man kann sagen: 'Die Nahrung ist für den Magen und der Magen für die Nahrung. Gott wird ja doch allen beiden ein Ende machen. Aber unser Körper ist deshalb noch lange nicht für die Unzucht (für übermäßiges Essen) da, sondern für den Herrn, der auch Herr über unseren Körper ist" (1. Kor. 6, 13 – Die Gute Nachricht).

Müssen Sie abnehmen? Im Gegensatz zu dem, was uns Hunderte von Diäten, die heute auf dem Markt sind, versprechen, gibt es im Grunde nur einen Weg, um abzunehmen. Wie? Indem Sie sich Selbstdisziplin auferlegen und weniger Kalorien zu sich nehmen, als Sie an einem Tag verbrauchen können. Dies bedeutet, daß Sie auf das weniger Wichtige (einen ungezügelten Appetit) verzichten müssen, um das Wichtigere (eine gute Gesundheit) und all das, was es für Ihr Leben bedeutet, zu gewinnen. Wenn Sie weniger essen, sollten Sie aber darauf achten, daß in dem, was Sie essen, genügend Nährwerte vorhanden sind.

Ich kann mich mit der Frau vergleichen, die sich damit brüstete, 200 Pfund abgenommen zu haben. Als man sie fragte, ob das denn auch wirklich wahr sei, erklärte sie: „Nun, eigentlich habe ich bei zwanzig verschiedenen Gelegenheiten zehn Pfund abgenommen. Ich kenne auch ganze Wochen, wo ich viel zuviel gegessen habe. Dann muß ich wieder monatelang Diät halten, um wieder in meine Kleidung zu passen."

Ich versuche zur Zeit, die Tatsache anzunehmen, daß es nicht möglich ist, alles zu essen, was ich will und dennoch mein augenblickliches Gewicht zu halten. Um mein Gewicht konstant zu halten, muß ich manchmal zu bestimmten Dingen nein sagen, die ich ganz gerne gegessen hätte. Ein andermal muß ich zu mir sagen: „Dale, jetzt ist es aber genug. Es ist an der Zeit, mit dem Essen aufzuhören." Nur sehr wenige Menschen können essen, was sie wollen, und gleichzeitig noch ihr Gewicht unter Kontrolle halten. Setzen Sie sich selbst Grenzen beim Essen, und versuchen Sie, Ihr Gewicht unter Kontrolle zu bringen.

2. Bleiben Sie durch regelmäßigen Sport in Form.

Würden Sie mir zustimmen, daß unsere Gesellschaft allgemein unter Schlappheit und Müdigkeit leidet? Die große Mehrheit von Männern und Frauen haben eine schlechte körperliche Verfassung. Sie hätten die Möglichkeit, sich über körperliche Fitness zu freuen. Aber sie haben Übergewicht und fühlen sich schlapp. Die moderne Lebensweise, in der die Maschinen uns die meisten harten Arbeiten abnehmen, trägt noch zu dieser Misere bei.
Im Gegensatz zu heute waren es früher die meisten Menschen gewöhnt, harte körperliche Arbeiten zu verrichten. Früher gingen die Menschen fast immer zu Fuß. Wir dagegen fahren heute Auto oder benutzen öffentliche Verkehrsmittel.

Das Problem ist nur, daß unser Körper darauf angelegt war, körperliche Arbeiten zu verrichten. Unser Körper wird ohne richtige körperliche Bewegung nicht mehr in Form sein. Muskeln funktionieren nur so lange gut, wie sie benutzt werden. Wenn wir unsere Körperkräfte nutzen, werden sie größer. Dagegen werden wir an Kraft verlieren, wenn wir sie nicht nutzen.

Deshalb ist die tägliche körperliche Bewegung eine Aktivität, die Sie auf keinen Fall unterlassen sollten. Sie können sich entscheiden, dies nicht zu tun, aber die Konsequenzen, mit einem matten und schlappen Körper zu leben und wenig Energie zu haben, werden sich auf keinen Fall lohnen. Es gibt keinen anderen Weg, sich körperlich fit zu halten, als durch regelmäßiges und konsequentes körperliches Training. Für Thomas war sein vierzigster Geburtstag eine bittere Erfahrung. Die Tatsache, vierzig Jahre alt zu werden, veranlaßte ihn, sich einmal ehrlich im Spiegel zu betrachten. Was er dort zu sehen bekam, war ein schwerfälliger Mann mit Übergewicht, der kaum einen neuen Arbeitstag überstehen konnte. Er war nicht sehr glücklich über sich. Seine Frau war seiner überdrüssig geworden, weil er nichts anderes tun wollte, als Abend für Abend in seinem Lehnstuhl vor dem Fernseher zu sitzen und danach schlafen zu gehen. Dies verstärkte noch seine schlechten Gefühle.

Thomas arbeitete als Buchhalter bei einem Wirtschaftsprüfer. An einem normalen Tag saß er am Schreibtisch, bewegte ab und zu einen Bleistift oder führte Telefongespräche. Er stand nur einmal zur Kaffee- oder Mittagspause vom Schreibtisch auf.

Sein Körper war nicht immer so schlapp und unsportlich gewesen. Im Gymnasium und am College zeichnete er sich als ein besonders guter Sportler aus. Aber aus Faulheit und Nachlässigkeit hatte er seit Jahren jede körperliche Bewegung und den Sport aufgegeben. Das Ergebnis war, daß er mit vierzig Jahren einen müden Körper hatte, der überhaupt nicht mehr in Form war.

Glücklicherweise faßte Thomas an seinem 40. Geburtstag den Entschluß, in Zukunft ein tägliches Joggingprogramm zu absolvieren, um in eine bessere körperliche Verfassung zu kommen. Am Morgen, nach dem er sein Leben so überdacht und den Entschluß gefaßt hatte, sein Leben völlig zu verändern, zog Thomas seine Sportschuhe an und begann sein Joggingtraining. Er war noch nicht sehr lange gelaufen, als er völlig außer Atem war und nach Luft ringen mußte. An diesem Abend ließen ihn seine Beinmuskeln, die er schon so lange nicht mehr benutzt hatte, wissen, daß sie noch da waren.

Aber Thomas ließ sich auch nicht durch einen Muskelkater von seinem Entschluß abbringen. Am nächsten Morgen stand er wieder früh auf und drehte wieder seine Runden. Am darauffolgenden Tag lief er noch ein bißchen weiter. Er blieb bei seinem Lauftraining, erhöhte nach und nach sein Tempo und vergrößerte die Laufstrecke, bis er sich nach drei Monaten wie ein neuer Mensch fühlte: Er war zwanzig Pfund leichter geworden und konnte seinen Gürtel um einiges enger schnallen. Er sah nicht nur besser aus, er hatte auch dreimal soviel Energie. Er schleppte sich nicht mehr länger durch den Tag, sondern entdeckte, daß er auch noch nach einem harten Arbeitstag unbegrenzte Kraft für seine Frau und Familie hatte. Heute ist Thomas Mitte Fünfzig und sieht um zehn Jahre jünger aus. Er macht täglich Sport und ist in Topform.

Welchen Sport sollte man nun ausüben? Für mich ist Jogging jeden Tag das erste, was ich morgens mache. Für jemand anderen könnte es bedeuten, drei oder vier Mal in der Woche Tennisspielen zu gehen. Für Sie ist es vielleicht Gymnastik, Schwimmen oder eine andere Sportart, die Sie bevorzugen und die Sie gerne regelmäßig und konsequent ausüben wollen.

Wenn man erst einmal begonnen hat, sich regelmäßig zu trimmen, wird man nicht nur durch die größeren körperlichen Fähigkeiten, die man dadurch bekommt, angetrieben, weiterzumachen. Dr. Kenneth Cooper, der Leiter des Aerobiczentrums in Dallas, sagt hierzu: „Was die Menschen dazu veranlaßt, Sport zu treiben, ist das psychologische Element, die Tatsache, daß sie sich besser fühlen. Sie bekommen eine positivere Sicht, sind zu mehr Begeisterung fähig und produktiver. Ein Mensch, der sich körperlich fit fühlt, gewinnt einen ganz neuen Lebenseifer, den er nicht hat, wenn er körperlich nicht in Form ist."

3. Denken Sie positiv.

Wußten Sie schon, daß Ihre Gesundheit und Ihre gefühlsmäßige Energie von ihren Gedanken beeinflußt werden? Hegen Sie negative Gedanken, und Sie werden Ihren Körper dem Angriff durch vielerlei Krankheiten aussetzen. Denken Sie über etwas nach, was Sie ärgerlich macht, und beharren Sie auf dem Gedanken, und Ihr Blutdruck wird in die Höhe schnellen. Hegen Sie schlechte Gefühle einer anderen Person gegenüber, und Sie werden sich selbst krank machen. „Wie ein Mann in seinem Herzen denkt, so ist er" (vgl. Lukas 6, 45). Haben Sie schon einmal die Symptome einer Krankheit festgestellt und sich dann an einen Arzt gewandt, der Ihnen nach ausgiebigen Untersuchungen sagte, daß Sie völlig gesund sind und bei Ihnen alles in Ordnung ist? Dann ist man doch ziemlich verwirrt oder nicht? Sie haben doch Schmerzen, fühlen sich nicht wohl, und man sagt Ihnen, daß Sie völlig gesund sind und sich keine Sorgen machen sollen.

Ich hatte einmal Schmerzen in meinen Armen, in meiner Brust und an anderen Stellen meines Körpers. Dies ging für sieben oder acht Tage lang so, bis meine Frau Margi mich schließlich dazu brachte, zum Arzt zu gehen. Er untersuchte mich sehr gründlich. Einmal wäre ich beinahe in seiner Praxis ohnmächtig geworden, weil mir leicht schlecht wird, wenn ich Blut sehen und viele Untersuchungen über mich ergehen lassen muß.

Ich war davon überzeugt, daß ich wahrscheinlich irgendwelche Probleme mit dem Herzen hatte. Ich hatte doch alle Symptome. In unserer Familie hatten schon viele Herzbeschwerden gehabt. Der Arzt untersuchte mich nicht nur selbst sehr gründlich; er schickte mich auch noch in die Herzklinik. Als sie alle Tests an mir gemacht hatten, stellten sie fest, daß mit mir körperlich alles in Ordnung war.

Ich ging nach Hause und mußte feststellen, daß ich mich selbst krank gemacht hatte. Seit Wochen war ich unter ungeheurem Streß und hatte mir viele Sorgen gemacht. Diese ungesunden Gedanken wirkten sich negativ auf meine Gesundheit aus.

Dieses Problem, daß unser Geist unseren Körper krank machen kann, ist viel größer, als die meisten von uns zugeben möchten. Ein Experte sagte einmal: „Die Krankheit ist nicht so sehr ein Feind von außen, sondern vielmehr ein Zusammenbruch unserer inneren und seelischen Abwehrkräfte." Wußten Sie, daß Ärzte selber zugeben, daß 70 - 80% der Patienten eigentlich unter seelischen und streßbedingten Krankheiten leiden, die durch ihre Gedanken ausgelöst wurden? Sie haben zwar alle körperlichen Symptome – Kopfschmerzen, Müdigkeit, Magengeschwüre, Hauterkrankungen, Verdauungsprobleme, Arthritis und vieles andere. Sie haben Schmerzen. Sie sind körperlich krank. Tabletten verschaffen ihnen kurzfristige Erleichterungen. Aber die große Frage bleibt: Wie wurden sie überhaupt krank? Wenn Sie an den Ursprung des Problems zurückgehen, dann ist es in 70% der Fälle so, daß wir krank wurden, weil wir selbst negative und krankmachende Gedanken zuließen.

Vor kurzem las ich in einem Buch die Geschichte einer Frau namens Sylvia, die nach fünf Operationen zu Dr. Fischer in die Praxis kam. Diese Frau war fünf Mal im Krankenhaus gewesen, hatte für die Operationen sehr viel Geld ausgegeben, mußte große Schmerzen ertragen und hatte trotzdem noch die gleichen Schmerzen in der Seite. Dr. Fischer erklärte, daß Sylvia Durchfall hatte und an einer Kolitis litt, als sie zu ihm kam. Nachdem er ihre lange Krankengeschichte gelesen hatte und alles über ihre fünf Operationen wußte, die überhaupt nicht zur Linderung ihrer Schmerzen beigetragen hatten, nahm er sich die Zeit, sie zu fragen, wann dies alles angefangen habe.

Dann kam die ganze Geschichte an den Tag: Vor einem Jahr hatten ihre Schmerzen begonnen, als sie ihre Mutter besuchte, die Dickdarmkrebs hatte und im Sterben lag. Als der Arzt sie fragte, wo der Krebs ihrer Mutter angefangen hatte, wies sie auf den Darm hin, genau dort, wo sie selbst auch Schmerzen hatte.

Nachdem der Arzt herausgefunden hatte, daß Sylvias Mitgefühl und Trauer über das Leiden ihrer Mutter ihr an derselben Körperstelle Schmerzen verursacht hatten, vergingen nur noch zwei Wochen, in denen sie sich ausruhte und Beruhigungsmittel nehmen mußte, bis sie völlig frei von Schmerzen war.
Wenn es Ihnen das nächste Mal nicht gut geht, bitte ich Sie, den Mut zu haben, sich selbst diese durchdringende Frage zu stellen: *„Was macht mich eigentlich krank?"* Sie könnten sich auch fragen: *„Habe ich mir in der letzten Zeit positive und gesunde oder negative Gedanken gemacht?"*
Dies hilft Ihnen sicherlich weiter, um gesünder zu werden. Carl Rogers, der berühmte Psychologe, drückte es so aus: „Wenn ich mich erst einmal selbst angenommen habe, dann kann ich mich verändern." Der Schlüsselbegriff hier ist: *sich selbst annehmen,* wie man ist. Wenn Sie dies erst einmal getan haben, dann können Sie auch anfangen, etwas an Ihrem Denken zu ändern; positiv anstatt negativ zu denken.
Es ist im Sinne Ihrer Gesundheit, wenn die Bibel Sie ermahnt, daß Sie sich „gesunde" Gedanken machen sollen: „... Richtet eure Gedanken auf das, was gut ist und Lob verdient, was wahr, edel, gerecht, rein, liebenswert und schön ist" (Philipper 4,8 – Gute Nachricht). „Wo immer ihr etwas Gutes entdeckt, das Lob verdient, darüber denkt nach" (Philipper 4, 8 – Hoffnung für alle).
Ich habe in meinem Leben die Erfahrung gemacht: Wenn ich das Richtige esse, konsequent Sport treibe und das Richtige denke, dann trägt alles dazu bei, daß ich gesund und voller Energie bin. Aber ich muß Ihnen gestehen: Es ist mir nicht immer leicht gefallen, diese drei Prinzipien, die ich Ihnen für Ihre Gesundheit vorschlug, in die Tat umzusetzen. Meist esse ich das, was ich nicht sollte und darüber hinaus noch viel zuviel. Ich fühle mich nicht immer so, daß ich gerne früh morgens aufstehe, um im kalten Regenwetter zu joggen. Würde ich meiner Faulheit nachgeben, so würde ich mich von meinen negativen Gedanken leiten lassen.
Bei meiner täglichen Arbeit mit so vielen Menschen, die mir sehr wichtig sind, wäre ich sehr traurig, miterleben zu müssen, wie auch nur einer von ihnen die negativen Folgen eines

undisziplinierten Lebens ernten würde. Gott hat einen besseren Lebensstil für uns!

Heute möchte ich mich in der Gegenwart meines Herrn Jesus Christus wieder neu dazu verpflichten, das Richtige zu essen, jeden Tag Sport zu treiben, nur den positiven und gesunden Gedanken Raum zu geben. Ich habe den festen Entschluß gefaßt, daß ich aus meinem Leben mehr machen möchte, als einen fetten, schlappen, müden und kranken Körper und Geist zu haben, in dem nur sehr wenig Energie steckt. Ich möchte mit Gottes Hilfe geistig und körperlich fit sein, damit ich in der Arbeit für meinen Herrn die besten Leistungen erbringen kann. Es gibt viele Dinge in meinem Leben, die ich in Jesu Namen noch erreichen möchte. Um dies zu schaffen, muß ich den Preis der Selbstdisziplin in den folgenden drei Bereichen zahlen: Ich muß mich bei Essen zusammenreißen, ich muß regelmäßig Sport treiben und mich bewußt dafür entscheiden, nur positive und gesunde Gedanken an mich herankommen zu lassen.

Auch Sie können eine bessere Gesundheit und mehr Energie aufbauen, wenn Sie in Ihrem Alltag anfangen, auf das weniger Wichtige zu verzichten, um das Wichtigere zu erreichen.

Zum Nachdenken

1. Sind Sie mit Ihren jetzigen Eßgewohnheiten zufrieden?
   Wenn nicht: Welche Veränderungen wären zugunsten Ihrer Gesundheit nötig?
2. Halten Sie sich für fit oder für fett?
   Wenn Sie Übergewicht haben, wieviele Pfunde haben Sie zuviel?
3. Schreiben Sie Ihren Aktionsplan auf, wie Sie abnehmen wollen.
4. Wären Sie damit einverstanden, daß jeder Mensch regelmäßig Sport treiben sollte?
   Haben Sie ein regelmäßiges Fitnessprogramm?
   Wenn nicht: Schreiben Sie Ihren Aktionsplan auf, wie Sie

von nun an regelmäßig Sport treiben und eine bessere Gesundheit erzielen wollen.

5. Haben Sie sich bis jetzt mit positiven oder negativen Gedanken beschäftigt?
   Stellen Sie Ihren eigenen Aktionsplan auf, wie Sie sich am besten für positive Gedanken entscheiden und diese auch pflegen können.

4

Meine Sexualität – ein Geschenk Gottes

Wissen Sie, welcher Sport heute am beliebtesten ist?
Wissen Sie, welche Filme die meisten Leute in die Kinos treiben?
Wissen Sie, welche Art von Büchern und Zeitschriften immer noch oben auf der Bestsellerliste stehen?
Wissen Sie, worüber sehr viele Leute in ihrer Freizeit nachdenken?
Wissen Sie, was so alt ist wie Adam und Eva?
Wissen Sie, was junge und ältere Menschen gleichermaßen interessiert?
Wissen Sie, was ein Mann zuerst einmal bei einer Frau anziehend findet?

Die Antwort auf alle diese Fragen ist ein Wort mit drei Buchstaben: *Sex*. Ohne Zweifel ist Sex heute das beliebteste Gesprächsthema. Jeder hat von Geburt an mit der Sexualität zu tun, und der Sex interessiert jeden Menschen bis hin zum Tod. Die Werbeleute wissen das. Deswegen setzen sie den Sex geschickt in der Werbung ein, um uns alles, von Bananen bis zu Bleistiften, zu verkaufen. Ja – wir alle interessieren uns für den Sex – jeder von uns. Dieses Kapitel behandelt einige Dinge, die Sie über Sexualität wissen sollten und die unsere moderne Gesellschaft nicht weiß.

Wer hat die Sexualität denn erfunden? Wer hat sich das alles überhaupt ausgedacht? Wer hat am Anfang Mann und Frau erschaffen? Wer brachte Eva zu Adam und gebot ihnen: „Seid fruchtbar und mehret euch und füllet die Erde" (1. Mose 1, 28). *Gott hat all dies erschaffen.* Er ist der Urheber und der Schöpfer der Sexualität.

Die Sexualität ist eines der wunderbaren Geschenke, das Gott dem Menschen gibt, den Er erschaffen hat. Denken Sie nur einmal: Sie sind eines von Gottes besonderen Geschöpfen, und Ihre Sexualität ist ein heiliges Geschenk von dem Schöpfer an Sie.

Dies schockiert vielleicht einige von Ihnen. Aber Gott erschuf alle Teile Ihres Körpers, darunter auch Ihre Geschlechtsorgane mit all ihren Möglichkeiten zur Lustempfindung. Wenn man den menschlichen Körper genau studiert, sieht man, wie wunderbar Gott die männlichen und weiblichen Geschlechtsorgane geplant und entworfen hat. Als Gott am sechsten Tag seine Schöpfung vollendet hatte, heißt es in der Bibel: „Und Gott sah an alles, was er gemacht hatte, und siehe, es war sehr gut ..." (1. Mose 1, 31). Gott hat nichts Schlechtes oder Unanständiges erschaffen.
Warum hat Gott uns alle mit der Sexualität beschenkt? Er wollte Mann und Frau durch die Bande der Liebe und in dem Bund der Ehe zusammenbringen. Wir sollten gemeinsam die Freude des Einsseins erfahren. Gott ist es, der uns gebot, „ein Fleisch zu werden" (1. Mose 2, 24).

Beatrix, eine Frau mittleren Alters, sagte mir: „Ich glaubte, daß Gott die Sexualität nur für den Zweck der ‚menschlichen Fortpflanzung' erschaffen habe." Dieses große Wort bedeutet „Kinder zur Welt bringen". Ich sagte: „Ja, nach 1. Mose 1, 28 und Psalm 127, 3 + 4 stimmt das schon. Aber Gott erschuf die Sexualität für mehr als nur die Fortpflanzung. Er wollte, daß wir uns immer daran erfreuen." (Vgl. Sprüche 5, 18 + 19, 1. Mose 2, 24). Im Alten Testament werden im Hohenlied Salomos die ekstatischen Freuden des Geschlechtsverkehrs zwischen einem liebevollen Ehemann und einer liebevoll reagierenden Ehefrau in lebendigen Farben geschildert.
Wie wunderschön kann dieser Geschlechtsakt sein, wenn er so ausgeführt wird, wie Gott es beabsichtigte, nämlich unter dem sicheren Zelt der Liebe, der Treue und der Ehe. Dieser eheliche Akt befreit von den alltäglichen Spannungen, gibt Mann und Frau volle Erfüllung und verbindet Ehemann und Ehefrau in der glückseligen Erfahrung des Einsseins. Wie wunderbar ist es, wenn man sich als Mann und Frau einander ganz im Liebesakt hingibt.
Wenn Sie bisher dazu neigten, sich wegen Ihrer Sexualität schuldig zu fühlen, sollten Sie sofort damit aufhören! Beginnen Sie heute damit, Gott dafür zu danken, wie wunderbar Er Sie erschaffen hat. Wenn die Sexualität so angewandt wird,

wie Gott es will, nämlich in einer Ehebeziehung, dann ist sie eine wunderbare und bereichernde Erfahrung. Die Bibel sagt im Hinblick auf den ersten Mann und die erste Frau: „Die beiden waren nackt, aber sie schämten sich nicht" (1. Mose 2, 25 – Die Gute Nachricht).
Die Sexualität gab es schon, bevor die Sünde in die Welt kam. *Das Böse liegt nicht darin, daß Gottes Gaben gebraucht werden, sondern daß sie mißbraucht werden.*
Wir leben in einer Welt, die sich nur darum kümmert, wieviel Lust und Vergnügen sie bekommen kann. Es ist an der Zeit, daß wir uns an die Worte von C. S. Lewis aus seinem berühmten Buch „Dienstanweisungen an einen Unterteufel" erinnern: „Gott ist es, der alles Vergnügen und alle Lust erschuf: Unsere ganze Forschung hat uns bis heute nicht dazu fähig gemacht, selbst nur ein Vergnügen zu schaffen." Der Teufel macht einfach folgendes: Er nimmt das, was Gott schon erschaffen hat, und versucht, uns dazu zu bringen, daß wir es auf perverse Art mißbrauchen. Die Sünde verringert immer unsere Lust am Vergnügen. Wenn Sie das nicht glauben, warum ist es dann so, daß Menschen, die den Geschlechtsverkehr außerhalb der Ehe praktizieren, immer mehr haben müssen, um weiterhin dasselbe Vergnügen darin zu empfinden?
Die Bibel spricht sich sehr deutlich und oft gegen den Mißbrauch und die Perversion der Sexualität aus. Die Bibel scheut sich nicht, diese Perversion Ehebruch, Unzucht oder Hurerei zu nennen. Warum verbietet Gott den Geschlechtsverkehr außerhalb der Ehe? Er tut dies nur zu unserem Besten und für unser Wohlbefinden. Die Geschichte, auch die jüngste, belegt wiederholt, daß es für die Menschen nichts Schlimmeres und Verheerenderes gibt als sexuelle Vergehen.

Als Seelsorger habe ich über mancherlei Folgen der Sünde auf sexuellem Gebiet erfahren. Zwei Lebensgeschichten sind natürlich nie völlig identisch. Zwei Menschen, die sich sexuell versündigt haben, sind auch nicht gleich. Einige haben intensive Schuldgefühle, andere scheinen sich überhaupt nicht schuldig zu fühlen. Einige sind sehr reumütig, andere trotzig. Aber durch alle diese verwickelten Geschichten von vorehelichem und außerehelichem Geschlechtsverkehr zieht sich der rote Faden der Ernüchterung und der Zerstörung. Nachdem alles vorbei ist und die Beteiligten nur noch die Folgen ihres Verhaltens zu tragen haben, sagen sie alle dasselbe: „Es war all die Gefühle und alles andere nicht wert.” Jemand hat einmal gesagt: „Unmoralisches Verhalten deutet auf akute Kurzsichtigkeit hin.” Es scheint so, als wenn die Beteiligten sich nie die Zeit nehmen, nach vorne zu schauen – sie stürzen sich einfach in sexuelle Abenteuer hinein.

Eine verheiratete Frau, die Ende dreißig war und von Schuldgefühlen aufgrund einer Affäre außerhalb der Ehe geplagt wurde, kam zu mir und bat mich um Hilfe. Wie das oft der Fall ist, hatte diese Frau anscheinend die Sexualität mißbraucht, weil sie ihrem Ehemann grollte. Sie sagte mir: „Ja, ich wollte es ihm heimzahlen. Aber ich habe auch einen hohen Preis dafür bezahlt. Zuerst einmal habe ich mich gefühlsmäßig viel mehr an meinen Geliebten gebunden als er sich an mich.” Dann sah sie mich verzweifelt an, als sie sagte: „Wissen Sie, wie erniedrigend das für eine Frau sein kann, wenn sie merkt, daß der Mann, dem sie sich ganz hingegeben hat, ihr jederzeit die Tür vor der Nase zuschlagen kann? Genau das ist auch geschehen. Trotz all meiner Tränen und meines Flehens ließ er mich im Stich. Er ging von mir, um nie wiederzukommen.”

Reumütig erzählte sie weiter: „Dann gibt es noch andere mögliche Folgen, von denen in den Zeitschriften und Filmen nicht berichtet wird. Wenn Sie nachts nach Hause kommen und noch einmal nach Ihren schlafenden Kindern sehen, dann wissen Sie, daß ein falscher Schritt auf dem Drahtseil ihr Leben zerstören wird. Wenn Sie Ihren Geliebten auf einer Party treffen und gerade mit Ihrem Mann sprechen, fühlen Sie sich wie eine schmutzige Betrügerin.” In diesem Augenblick brach die Frau in Tränen aus. Sie sagte immer wieder schluchzend: „Ich hasse mich, ich hasse mich.”

Warum gibt es dann immer noch Menschen, die die Tatsache anzweifeln, daß Gott uns moralische Gesetze gab? Er tat das aus Seiner göttlichen Liebe für uns, um uns die Schmerzen und das Leid zu ersparen, die sich aus sexuellen Vergehen ergeben. Die Weisheit der Zehn Gebote veraltet nie oder wird auch nie unmodern. Sie können nicht dadurch außer

Kraft gesetzt werden, weil einige Leute sie unbedingt übertreten und ihre Gabe der Sexualität mißbrauchen wollen.
Ihnen, die Sie vielleicht unter den Folgen dieser Sünde leiden, möchte ich sagen, daß Gott Ihnen einen Neuanfang schenken will. Wenn Sie wie die Frau sind, die auf frischer Tat beim Ehebruch erwischt wurde, dann sagt Jesus zu Ihnen: „... So verdamme ich dich auch nicht; gehe hin und sündige hinfort nicht mehr" (Joh. 8, 11). Wenn Sie die Vergebung brauchen, wenn Sie von den Sünden auf sexuellem Gebiet, die Sie binden, befreit werden wollen, dann bitten Sie Jesus, Ihr Herr und Erlöser zu werden. Und leben Sie dann mit Seiner Hilfe ein erfüllteres Leben und hören Sie auf, die Gabe Ihrer Sexualität zu mißbrauchen. Das Leben wird nur dann sinnvoll gelebt werden können, wenn wir uns nach dem richten, wie Gott es geplant und erschaffen hat.
In der Bibel heißt es: „Gott will, daß ihm euer ganzes Leben gehört. Das bedeutet, daß ihr euch von Unzucht reinhalten sollt. Jeder von euch Männern soll lernen, mit seiner Frau so zusammenzuleben, wie es Gott und den Menschen gefällt" (1. Thess. 4, 3 + 4 – Die Gute Nachricht). In einer anderen Bibelstelle heißt es: „... Aber unser Körper ist deshalb noch lange nicht für die Unzucht da, sondern für den Herrn, der auch der Herr über unseren Körper ist." (1. Korinther 6, 13 – Die Gute Nachricht). Immer wieder warnt uns die Bibel; sie ermahnt, bittet und gebietet uns, damit wir uns von den zerstörenden sexuellen Sünden fernhalten.

Johanna, eine sehr attraktive, geschiedene Frau von Mitte dreißig kam zu mir in die Seelsorge, weil ihre Suche nach dem „guten Leben" ihr nur Elend und Leid gebracht hatte.
Sie erzählte mir ganz offen: „Diese auf eine Nacht beschränkten Beziehungen sind mir inzwischen so langweilig geworden. Ich habe wirklich genug davon. Am Anfang glaubte ich, es mache viel Spaß. Jeder sagt, daß es ganz toll sei, von einem Partner zum anderen zu wechseln, aber glauben Sie mir, das ist nicht so. Ich habe jedes Interesse am Sex verloren. Ich fühle mich so ausgenutzt und mißbraucht. Ich fühle mich billig und verbraucht. Aber das Schlimmste ist, daß ich meine ganze Selbstachtung verloren habe."

Vor kurzem fuhr ich auf einer großen Durchgangsstraße. Ich kam an eine Stelle, wo der Verkehr zum Stehen gekommen war und fragte mich, woher dieser Verkehrsstau kam. Dann sah ich einen Hund und eine Hündin, die sich mitten auf der Straße paarten. Ich dachte: *Nun, so sind Hunde nun einmal. Sie treiben es überall, zu jeder Zeit, mit irgendeinem Hund. Das ist eben das Hundeleben.*

Aber Gott erschuf uns für ein besseres Leben – wir sollten nicht wie Hunde leben. Er schuf uns als moralische Wesen mit der Möglichkeit, ein wunderschönes Leben zu führen, das von Treue, Hingabe, Liebe und einer guten Ehe gekennzeichnet ist.

Rober Schuller, der Autor eines Buches über das Thema Selbstliebe, erzählt folgende Geschichte. Obwohl ich sie vor vielen Jahren gelesen habe, habe ich sie nicht vergessen:

„Ein junger Mann erzählte mir eine Geschichte aus seinem Leben: ‚Eines Abends langweilte ich mich sehr und ging in eine Bar in der Nähe. Ich traf eine junge Frau, und wir begannen, miteinander ein Glas nach dem andern zu trinken. Sie fühlte sich einsam. Ich langweilte mich. Ich war nicht verheiratet. Sie war geschieden. 'Laß uns nach Las Vegas fahren', schlug sie vor. Ich sah die Sehnsucht in ihren verführerischen Augen und ließ mein Glas unverzüglich stehen, bezahlte, nahm ihren Arm und rannte mit ihr zu ihrem Auto. Sie kuschelte sich, nach Nähe und Wärme suchend, an mich. Wir rasten durch die Nacht, und jeder von uns dachte an ein warmes Bett in einem Motel in Las Vegas.

Aus irgendeinem seltsamen Grund, den ich nicht erklären kann, packte mich plötzlich der Gedanke, daß dies ja alles für mich sehr einfach und billig war. Ich merkte, daß ich mich sexuell anziehen ließ, um mit dieser „Bardame" zu schlafen, für die ich überhaupt keine tieferen Gefühle hatte. Als ich in den Rückspiegel schaute, sah ich meine Augen. Es waren die Augen eines Menschen, der alle Möglichkeiten hatte, eine wundervolle Person zu sein. Langsam fühlte ich, wie mich Abscheu und Selbsthaß erfüllten, die ich schon früher öfters erlebt hatte, wenn ich mich auf ein unpersönliches sexuelles

Abenteuer einlassen wollte. Ich fuhr an den Straßenrand und hielt den Wagen an. „Was machst Du denn da?" fragte sie. ‚Ich steige aus,' sagte ich abrupt. ‚Dies ist Dein Auto. Du kannst ja nach Las Vegas fahren, wenn Du willst. Es ist mir egal, was Du tust. Ich werde nach Hause trampen.' Ich schlug die Tür zu und sah, wie sie zornig wendete und wie eine Furie davonsauste. Ich stand dort allein in der Nacht auf einer einsamen Landstraße. Und doch fühlte ich mich plötzlich ganz großartig! Ich hatte mich noch nie in meinem Leben so gut gefühlt! Ich fühlte mich wie ein triumphierender General, der stolz aus einer siegreichen Schlacht zurückkehrte. In diesem Augenblick konnte ich mich selbst lieben.'"

Wenn Sie Ihre sexuellen Triebe in Schach halten und ein moralisch einwandfreies Leben führen, geht das Hand in Hand damit, daß Sie ein gutes Selbstbewußtsein haben. Mit anderen Worten: Sie können nicht die moralischen Gesetze Gottes brechen und Sünde begehen, ohne sich selbst dadurch zu verletzen – ganz zu schweigen von dem Chaos und der Zerstörung, die Sie dadurch im Leben des Partners und seiner Familie anrichten.

Es ist absolut erforderlich, daß Sie Herr Ihrer sexuellen Triebe werden und sie unter Kontrolle haben. Wie gut Sie es gelernt haben, dies zu tun, entscheidet darüber, ob Sexualität für Sie das eine oder das andere ist:
- etwas Schönes oder etwas Häßliches,
- etwas Kreatives oder etwas Zerstörerisches,
- etwas, das das „I-Tüpfelchen" Ihrer Ehe ist oder etwas, das Beziehungen zerstört,
- etwas, das Ihr Selbstwertgefühl aufbaut oder Ihre Selbstachtung zerstört.

Es sind Ihre sexuellen Triebe. Sie können sie unter Kontrolle bringen oder sie außer Kontrolle geraten lassen. Sie haben die Wahl, und Sie können auch darüber entscheiden, welche Ergebnisse Sie erzielen werden!

Ein junger Mann, der versuchte, sein verpfuschtes Leben wieder in Ordnung zu bringen, fragte mich: „Wie kann ich denn meine sexuellen Triebe in Schach halten?" Ich werde

Ihnen jetzt sieben konkrete Schritte vorschlagen, die ich auch diesem jungen Mann nannte, um die sexuellen Triebe unter Kontrolle zu bekommen.

1. Akzeptieren Sie Gottes Gesetz für Ihr Leben.

Seien Sie vorsichtig! Der menschliche Geist hat die erstaunliche Fähigkeit, die Dinge so zu drehen und zu wenden, wie es ihm paßt. Viele Menschen halten nicht viel von Unmoral, bis sie sich entschließen, es doch einmal selbst ausprobieren zu wollen. In dem Augenblick, wo Sie sich gegen die Bibel stellen und anfangen, sie nach Ihren Wünschen herumzubiegen, gehen Sie mit Sicherheit großen Schwierigkeiten und Problemen entgegen. Die Bibel sagt: „... Macht euch nicht zu Sklaven eurer Wünsche und Triebe" (Römer 13, 14 – Die Gute Nachricht). Auf der anderen Seite ist ein erster Schritt, um wieder auf dem moralischen Gebiet zu genesen und die Gabe der Sexualität richtig zu gebrauchen, die Annahme all dessen, was die Bibel zu diesem Thema sagt.
Es gibt keine Entschuldigung für moralische Lauheit im Hinblick auf Gottes heiliges Gesetz. Als Seelsorger habe ich schon oft gehört, daß der untreue Partner versucht, seine moralische Schuld auf seinen Partner zu schieben, der es versäumt habe, ihm sexuell richtig zu begegnen.
Hier werde ich an das erinnert, was Dr. Richard Taylor, einer meiner Professoren am theologischen Seminar, immer über dieses kleine Spiel zu sagen pflegte: „Das ist einfach eine Flucht vor der moralischen Verantwortung." Ob ich ein moralisch einwandfreies und reines Leben führe, hängt nicht von den Reaktionen meines Partners ab. Wenn Ihr Ehepartner sexuell liebevoll auf Sie reagiert, dann können Sie sehr dankbar sein. Wenn nicht, sollten Sie Zuflucht bei Gott suchen und Ihn um Seine Kraft und Hilfe bitten, damit Sie Ihre sexuellen Triebe beherrschen können. Es kann oft in einer Ehe körperliche Krankheit, seelischen Streß oder andere Ereignisse geben, die verhindern, daß man die sexuelle Erfüllung so erlebt, wie man es gerne hätte. Zeiten wie diese sind Gelegenheiten, tiefer zu lernen, was es heißt, wirklich zu lieben.

2. Verzichten Sie auf das weniger Wichtige, um das Wichtigere zu gewinnen.

Die sexuellen Triebe, so stark sie auch sein mögen, sollten nicht etwas sein, das Sie völlig beherrscht. Vielleicht haben Sie auch ein starkes Bedürfnis, Ihrem Ärger freien Lauf zu lassen, aber das bedeutet nicht, daß Sie dann auch hingehen und es tun. Die Sexualität ist nicht mit dem Hunger zu vergleichen, den Sie stillen müssen, wenn Sie weiterleben wollen. Das Interessante an den sexuellen Sehnsüchten ist, daß sie nicht durch den Geschlechtsakt für lange Zeit zu befriedigen sind. Ganz im Gegenteil: Der Geschlechtsakt weckt meist erst die Leidenschaft und die Sehnsüchte.

Wenn Sie also nicht verheiratet sind und somit kein Anrecht auf Geschlechtsverkehr haben, können Sie Ihre sexuellen Triebe nicht dadurch beherrschen, daß Sie ihnen freien Lauf lassen, sondern indem Sie sie zügeln. Im Gegensatz zu dem, was viele unchristliche Philosophien uns heute weismachen wollen, müssen Sie keine sexuellen Beziehungen haben, um ein erfülltes und zufriedenes Leben zu führen. Ich möchte erst noch einmal einem Menschen begegnen, der allein deshalb zufrieden ist, weil er ein aktives Geschlechtsleben führt. Auf der anderen Seite habe ich viele glückliche und zufriedene Menschen kennengelernt, die sich als Ledige dazu entschlossen haben, ihre sexuellen Triebe in Schach zu halten und zu beherrschen.

Das viele Unglück und das Chaos, das ich bei Leuten gesehen habe, beruhte immer auf einem undisziplinierten Geschlechtsleben. Wir müssen es endlich begreifen lernen, daß ein „erfülltes Leben" aus viel mehr besteht als aus „Sex", so wunderschön dies auch sein mag.

Der Apostel Paulus hat zum Beispiel auf das Ausleben seiner Sexualität und auf eine Ehe verzichtet, um sich ganz dem christlichen Dienst zu widmen. Er verzichtete auf das weniger Wichtige, um das Größere zu gewinnen. Er lernte mit Erfolg, seine sexuellen Triebe anderen Dingen unterzuordnen. Paulus sagte: „Sondern ich züchtige meinen Leib und zähme ihn, daß ich nicht den andern predige und selbst verwerflich werde" (1. Korinther 9, 27). Die Frage bleibt, wie er das wohl geschafft hat. Er konnte es, weil er sich ganz dem Heiligen Geist auslieferte.

3. Liefern Sie sich der Herrschaft des Heiligen Geistes aus.

Die Bibel lehrt, daß es in der ganzen Welt keine mächtigere Macht gibt als den Heiligen Geist. Bevor Jesus von der Erde fortging, sagte er uns ganz deutlich, daß er uns nicht alleine oder ohne eine Kraft lassen würde. Wir sollten nicht wie Waisen zurückbleiben. Er werde uns den Heiligen Geist senden, der kommen und in uns leben werde.

Nach Gottes Plan sind *Sie* der Tempel Gottes: „Wißt ihr denn nicht, daß euer Körper der Tempel des Heiligen Geistes ist? Gott hat euch seinen Geist gegeben, der jetzt in euch wohnt. Darum gehört ihr nicht mehr euch selbst. Gott hat euch als sein Eigentum erworben. Macht ihm also Ehre durch die Art, wie ihr mit eurem Körper umgeht! „(1. Korinther 6, 19 + 20 – Die Gute Nachricht).

In dem Augenblick, in dem jemand den Herrn Jesus Christus als seinen persönlichen Heiland annimmt, nimmt der Heilige Geist in ihm Wohnung. Jeder Christ hat in sich die Quelle der Kraft durch den Heiligen Geist, um seine sexuellen Triebe zu beherrschen und unter Kontrolle zu halten, wenn er sich nur der Herrschaft des Heiligen Geistes ausliefert.

Ausliefern kann man sich nur mit seinem ganzen Willen. Wir können in diesem Bereich siegen, wenn wir das Gebet unseres Herrn im Garten Gethsemane beten: „Nicht mein, sondern Dein Wille geschehe." Sie werden in dem Augenblick in der Lage sein, Ihr Geschlechtsleben richtig unter Kontrolle zu haben, wenn Sie Ihren Willen der Herrschaft des Heiligen Geistes, der jetzt in Ihnen lebt, unterstellen.

Der Heilige Geist macht uns rein und sorgt dafür, daß wir rein bleiben können. Geben Sie die Herrschaft Ihres Lebens an den Heiligen Geist ab. Dann werden Sie die Selbstbeherrschung finden, die Sie brauchen, um Ihr Geschlechtsleben in den Griff zu bekommen.

4. Weigern Sie sich, Schund in sich aufzunehmen.

Jemand hat einmal gesagt, daß das, was in uns ist, auch aus uns herauskommt. Auf keinen Bereich trifft dies mehr zu als

auf den Bereich unseres Geistes. Was Sie in Ihren Geist aufnehmen, ist auch das, was Sie denken; und das, was Sie denken und womit Sie sich länger beschäftigen, wird nach einer Weile Ihre Persönlichkeit ausmachen. Heute werden wir mit sexuellem Schund in Filmen, Büchern, Zeitschriften und im Fernsehen auch frei Haus bombardiert. Die Zusammensetzung dieses Abfalls wird von Tag zu Tag schlimmer. Sie können nicht immerzu dies in sich aufnehmen, ohne daß es Sie moralisch krank macht. Einiges von dem, womit wir „gefüttert" werden, ist so subtil, daß wir es gar nicht erkennen, während anderes ganz eindeutig ist.
Worauf ich hinaus will: Wenn wir nicht etwas mehr auswählen, was wir lesen und uns ansehen, dann werden wir immer mehr „Abfall" zu uns nehmen, und wenn man viel Schlechtes „ißt", wird man krank – auf dem Gebiet der Moral nämlich. Wer würde sonst schon verdorbene Nahrung zu sich nehmen? Bestimmt niemand, der seine fünf Sinne beieinander hat. Sie und ich müssen einfach unseren gesunden Menschenverstand zurückbekommen. Wir müssen uns daran gewöhnen, viel mehr auszuwählen und auch den Mut haben, aufzustehen und zu sagen: „Nein, ich werde mich nicht länger mit solch moralischem Abfall füttern lassen."

5. Üben Sie Disziplin in Ihren sexuellen Phantasien.

Hören Sie sich einmal an, was ungläubige Männer so miteinander reden. Es liegt sehr nahe, daß ihr Hauptgesprächsthema sich um „Sex" drehen wird. Sie werden wahrscheinlich zweideutige Witze erzählen, die noch durch Kraftausdrücke verstärkt werden. Wenn jedoch jemand Christ wird, wird er ein ganz neuer Mensch. Der Heilige Geist gebietet ihm, seine Sprache und auch seine Denkweisen zu verändern. Jesus kannte die Gefahr der Lust, als er sagte: „Ich aber sage euch: Wer ein Weib ansieht, ihrer zu begehren, der hat schon mit ihr die Ehe gebrochen in seinem Herzen" (Matth. 5, 28).
Was sollte ein Mann tun, wenn er lüsterne Gedanken bekommt? Die beste Handlungsweise ist, einfach den zweiten Blick zu vermeiden. Daß wir das erste Mal hinsehen, entzieht sich unserer Kontrolle, aber Sie haben die Kraft, sich dann umzudrehen und in eine andere Richtung zu schauen.

Wenn Ihnen ein lustvoller Gedanke in den Sinn kommt, sollten Sie die Sache selbst in die Hand nehmen und sich nicht gestatten, noch weiter daran zu denken. Das Beste wäre dann, bewußt an etwas anderes zu denken.

Der Apostel Paulus sagte zu dem jungen Timotheus: „Hüte dich vor den Leidenschaften, die einen jungen Menschen in Gefahr bringen. Bemühe dich um Gerechtigkeit, Glauben, Liebe und um Frieden, mit denen, die sich mit reinem Gewissen zum Herrn bekennen" (2. Tim. 2,22 – Die Gute Nachricht).

Seien Sie ganz offen und ehrlich mit sich selbst. Spielen Sie nicht herum oder versuchen Sie nicht, sich selbst an der Nase herumzuführen. Wenn Sie merken, daß Sie einen Menschen sexuell stark anziehend finden, sollten Sie das Weite suchen. Achten Sie besonders in den Zeiten darauf, wenn es Ihnen gefühlsmäßig schlecht geht. In diesen Augenblicken sind wir oft am meisten versucht, in das „verrückte Land der sexuellen Eroberungen" zu fliehen. Tun Sie nichts, wenn Sie gerade traurig sind, was Sie nicht tun würden, wenn es Ihnen gut gehen würde.

Gehen Sie nie Kompromisse mit der Sünde ein. Wenn Sie dies tun, verlieren Sie die geistliche Kraft und den Sieg in Ihrem Leben. Sie würden sich auch damit für einen geringen Lebensstil entscheiden. In einer Geschichte wird erzählt, daß einem Rotkehlchen ein Regenwurm als Tausch gegen eine eigene Feder angeboten wurde. Das Rotkehlchen dachte daraufhin, dies sei ein sehr gutes Angebot. Wenn es regelmäßig auf dieses Angebot einginge, brauchte es nicht mehr mühsam nach Regenwürmern zu suchen. Die paar Federn weniger würde es schon nicht merken. Aber eines schlimmen Tages wachte das Rotkehlchen auf und merkte, daß es keine Federn mehr hatte und nicht mehr fliegen konnte. Es hatte seine Fähigkeit, fliegen zu können, für Würmer verkauft und war jetzt an die Erde gebunden.

Es gibt Menschen, die ihre Persönlichkeit und Größe für ähnlich triviale Dinge verkaufen. Aber Gott erschuf Sie, um mit Würde zu leben. Damit Sie ein wertvoller und würdevoller Mensch sein können, ruft Er Sie auf, in einer unreinen Welt rein zu leben. Treten Sie aus der Masse heraus, und seien Sie der besondere Mensch, der Sie nach Gottes Willen sein sollen.

6. Fliehen Sie vor der Sünde.

Joseph war ein gutaussehender, gesunder, junger Mann. Als er als Sklave nach Ägypten gebracht wurde, kaufte ihn Potiphar, der Oberste der Leibwache des Pharaos. Gott segnete Joseph reichlich in dem Haus seines Herrn, so daß ihm alles gelang, was er tat. Potiphar war so zufrieden mit Joseph und seinen Fähigkeiten, daß er ihm die Leitung seiner Geschäfte und seines ganzen Hauses übergab.

Potiphar hatte eine Ehefrau, die mit sovielen Frauen unserer Gesellschaft zu vergleichen wäre. Sie war schamlos, treulos, selbstsüchtig – sie lebte ihr Leben auf sehr fleischliche Weise. Sie war fast tierisch, wenn es darum ging, die Objekte ihrer Leidenschaft zu verfolgen. Sie hatte es sich in den Kopf gesetzt, Joseph zu verführen, mit ihm eine unmoralische Tat zu begehen. Sie quälte ihn mit ihren Reizen, bis sie ihn schließlich ganz offenherzig einlud, in ihr Bett zu kommen.

Aber Joseph hatte als Mann Gottes für sein Leben höhere Werte. Werte wie Ehrlichkeit, Loyalität, Rechtschaffenheit, Vernunft und Gott an die erste Stelle des Lebens zu setzen, bedeuteten Joseph viel mehr als ein flüchtiger Augenblick der Unmoral. Er sagte zu ihr: „... Wie sollte ich denn nun ein solch großes Übel tun und gegen Gott sündigen?" (1. Mose 39, 9).

Wir lesen in der Bibel, wie sie Tag für Tag hartnäckig versuchte, ihn auf ihr niedriges Niveau hinunterzuziehen. Dann wird beschrieben, daß Joseph eines Tages in ihrem Hause war und dort seine Arbeit verrichtete – die beiden waren ganz alleine im Haus. „Da hielt sie ihn an seinem Gewand fest und sagte: „Schlaf jetzt mit mir!" Er riß sich los und lief hinaus; das Gewand blieb in ihrer Hand zurück" (1. Mose 39, 12 – Die Gute Nachricht). Joseph floh so schnell, wie er konnte.

Es mag Zeiten geben, wo Sie und ich, wenn wir in dieser unreinen Welt weiter rein leben wollen, manchmal so schnell rennen müssen, wie wir können, um uns vor dem Bösen zu retten.

Die Bibel sagt uns: „... Fliehet die Unzucht! Alle Sünden, die der Mensch tut, sind außer seinem Leibe; wer aber Unzucht treibt, der sündigt an seinem eigenen Leibe" (1. Kor. 6, 18, vgl. auch 1. Tim. 6, 9 + 11).

7. Bewahren Sie die Gabe der Sexualität für Ihren Ehepartner.

Sexualität, Liebe und Ehe gehören zusammen. Die Ehe ist wie ein Zelt, das den Geschlechtsakt schützt. Die Ehe gibt der Sexualität die Sicherheit, die sie braucht, um sich am besten verwirklichen zu können. Was braucht eine Frau am meisten? Sie möchte sich beschützt und geborgen fühlen. Außerhalb des ehelichen „Zeltes" kann sich eine Frau in ihrer Sexualität und Liebe nicht sicher und geborgen fühlen. Die Ehe gibt der Sexualität die Verpflichtung zur Treue, die sie braucht, damit man verantwortlich handeln und sich gegenseitig zur vollen Erfüllung führen kann.
Hören Sie auf das, was die Bibel sagt: „Die Ehe soll in Ehren gehalten werden bei allen und das Ehebett unbefleckt ..." (Hebräer 13, 4). Sexuelle Beziehungen, Geschlechtsverkehr zur rechten Zeit mit Ihrem Ehepartner, das ist einfach wunderschön. *Und das ist auch gut und richtig!*
Die Bibel lehrt uns aber auch, daß wir unseren Körper unserem Ehepartner nicht entziehen sollen. Sie sagt uns sogar, daß unser Körper unserem Partner gehört. Trotzdem schließt dies natürlich eine gefühlsmäßige Erpressung aus. Es ist falsch, sich dem anderen sexuell zu entziehen oder ihn zu belohnen nur aus dem Grund, weil man etwas Bestimmtes durchsetzen will. Das würde bedeuten, daß man die heilige Gabe der Sexualität mißbraucht und den freien Geist der Liebe und die Sexualität in der Ehe verletzen würde (vgl. 1. Korinther 7, 2 - 9).
Man gaukelt uns vor, daß man besser auf ein erfülltes Geschlechtsleben in der Ehe vorbereitet ist, wenn man wahllos sexuelle Beziehungen vor der Ehe gehabt hat. Das ist eine Lüge des Teufels. Wir, die viele Menschen seelsorgerlich beraten, erfahren aus erster Hand, wie diese sexuelle Freizügigkeit die „Büchse der Pandora" öffnet, die alles erdenkliche Böse auf den Menschen herabkommen läßt. Wie oft habe ich mit Menschen zu tun gehabt, die Schwierigkeiten mit der

Sexualität in der Ehe hatten, weil sie sich vor der Ehe sexuell versündigt hatten. Wenn man diese sexuelle Freizügigkeit praktiziert, wird man ständig das verheerende Gefühl des Vergleichens mit dem Vergangenen kennen.
Ich glaube, daß jemand, der sich bis zur Ehe zurückhält, mit einem Läufer zu vergleichen ist, der in den Startblöcken steht und darauf wartet, daß der Startschuß gegeben wird. Wenn der Schuß dann endlich losgeht, sind Sie bereit, nach vorne zu sprinten; Sie können in diesem „Lauf" Ihr Bestes geben und alles, was Sie haben, hineingeben. Der Mann oder die Frau ist weise, der sich diese kostbare Gabe der Sexualität bis zur Ehe aufbewahrt und sich dann ganz und vollkommen seinem geliebten Ehepartner hingibt.

Um Ihre Gabe der Sexualität wirklich optimal zu nutzen, müssen Sie auf das weniger Wichtige verzichten, um das Wichtigere zu gewinnen.

5

Verstehen Sie Ihren Ärger und lernen Sie, richtig damit umzugehen

Glauben Sie, daß auch christliche Autoren richtig wütend werden können? Glauben Sie, daß ich sehr zornig werden kann? Waren Sie schon einmal richtig zornig?

Wir müssen uns einfach der Tatsache stellen: Ärger und Zorn sind Gefühle, die jeder Mensch kennt, ob wir es nun mögen oder nicht. Jeder normale Mensch, sei er nun ein engagierter Christ oder nicht, empfindet dann und wann ein Wut- oder Zorngefühl. Ärger, Zorn oder Wut können definiert werden als Gefühle des Mißfallens und Verdrusses, die in einem Menschen entfacht werden. Oft wird es von dem Gefühl begleitet, irgendwie schlecht oder ungerecht behandelt worden zu sein. Es ist auch so, daß jedes Frustriertsein meist zu Ärger oder Zorn führt.

So natürlich es für jeden von uns ist, Ärger in unserem täglichen Leben zu empfinden, so wichtig ist es auch für uns zu lernen, wie wir diesen Ärger unter Kontrolle bekommen können. Eine unkontrollierte Wut ist wie ein aufgepeitschtes Meer, das alles und jeden zerstört, das sich dort befindet. Wenn man sich gefühlsmäßig nicht beherrschen kann, ist das immer gefährlich. Es ist sogar doppelt gefährlich, wenn Zorn- oder Wutausbrüche außer Kontrolle geraten.

Vor kurzem erhielt ich folgenden Bericht von einem Mann, der im Fernsehen eine Aufzeichnung über das Thema Wut gesehen hatte. Dieser Mann, den ich Martin nennen möchte, sagte: „Wenn ich zornig werde, möchte ich jemanden umbringen. Ich kann es selbst kaum glauben, aber vor kurzem habe ich in blinder Wut beinahe einen meiner Freunde umgebracht. Ich weiß nicht, was über mich gekommen ist. Später konnte ich gar nicht glauben, daß ich ihn immer und immer wieder ins Gesicht geschlagen und versucht habe, ihn zu töten. Der Herr möge mir beistehen! Wenn nicht einige

Leute dabeigestanden und mich von ihm losgerissen hätten, dann hätte ich bestimmt einen Mord begangen. Das geschah, als ich meinen Zorn unkontrolliert über mich herrschen ließ."

In einer Stadt in Kansas kam es zwischen einem Versicherungsagenten und seiner Frau zu einem heftigen Streit. Er rannte nach draußen zu seinem Wagen und schrie seiner Frau noch zornig zu: „Du wirst mich nie wiedersehen."
Seine Worte erwiesen sich als prophetisch. Einige Minuten später raste er erbarmungslos die Straße herunter. Er ließ sich von seinem unkontrollierten Zorn treiben und raste frontal gegen einen Lastwagen. Er war sofort tot.

Es wurden unzählige Familienangehörige von Menschen interviewt, die bei Autounfällen ums Leben kamen. Man fand heraus, daß die Hälfte von ihnen in den letzten Stunden vor ihrem Tod ernsthafte persönliche Konflikte hatten. Der Zorn führt auf der Straße zum Tod. Zorn fordert wie Alkohol am Steuer viele Todesopfer.
Gestern sprach ich mit einem Ehepaar, das meine seelsorgerliche Hilfe brauchte, aber unser Gespräch führte uns kein Stück weiter. Wir verschwendeten einfach unsere Zeit. Was lief denn schief? Das Problem war, daß der junge Mann sich nicht eingestehen wollte, daß er wütend war. Er war sogar so voller Aggressionen, daß diese angeheizten Gefühle jedes vernünftige Gespräch miteinander unmöglich machten.
Ich machte ihm in aller Offenheit klar, daß er voller Zorn steckte. Ich sagte ihm, daß ich nur hoffte, daß er seiner Frau nach diesem Gespräch keinen körperlichen Schaden zufügen würde. Er war im Grunde kein gewalttätiger Mensch. Ich wußte, daß er eigentlich ein sehr sanfter Mann war, aber in diesem Zustand unkontrollierter Wut konnte ich nicht vorhersagen, was geschehen würde.
Er versicherte mir, daß er nichts tun würde, um einem anderen körperlich weh zu tun. Aber gleichzeitig sah er nicht, wie zerstörerisch sich sein unkontrollierter Zorn auf seine Gesundheit und auf zwischenmenschliche Beziehungen auswirkte, besonders bei den Menschen, die ihm am nächsten standen.

Niemand kann sich leisten, die Wut, die er empfindet, außer Kontrolle geraten zu lassen, einfach weil zügellose Wut immer zerstörerisch ist. Sie kann Ihre Beziehungen schneller zerstören, als Sie diese in den Zeiten wiederaufbauen könnten, wo sie wieder vernünftig reagieren.
Die Menschen von heute müssen mehr verstehen lernen, welche Macht der Zorn haben kann. Sie müssen auch lernen, wie man diesen Zorn mit Gottes Hilfe richtig beherrschen kann. Die Bibel sagt hierzu: „Geduld bringt weiter als Heldentum; sich beherrschen ist besser als Städte erobern" (Spr. 16, 32 – Die Gute Nachricht).

Was Sie über den Zorn wissen müssen

Erkennen Sie, daß Zorn ein normales Gefühl ist. Er ist sogar ein Gefühl, das uns von Gott gegeben wurde. Im Verlauf unseres Lebens wird es immer wieder Ereignisse oder Umstände geben, die bei uns das starke Gefühl des Zorns oder der Wut hervorrufen werden. Die Bibel sagt: „Zürnet, und sündiget nicht ..." (Eph. 4, 26).
Zorn an sich ist weder gut noch böse. Im Gegensatz zu dem, was einige Leute fälschlich verstanden haben, ist es noch keine Sünde, wenn man einmal zornig wird. Nach den Aussagen der Bibel kommt es darauf an, wie ein Mensch mit seinem Zorn umgeht. Daran zeigt sich dann, ob der Zorn richtig oder falsch war.
Es mag einige Christen vielleicht überraschen, aber es gibt Zeiten, in denen man den Zorn positiv einsetzen kann. Wenn mir zum Beispiel jemand sagt: „Das kann gar nicht funktionieren", reicht das meist, um mich wirklich wütend zu machen. Das reizt mich dann, das Unmögliche doch schaffen zu wollen. Wir brauchen ab und zu solche Anreize, die uns dazu motivieren, Dinge trotz allem zu erreichen.
Überall um uns herum sehen wir, wie Gottes Gesetze offensichtlich gebrochen werden. Es gibt viel Ungerechtigkeit und Verbrechen. Der alttestamentliche Prophet Amos ist ein Vorbild dafür, wie man richtig mit seiner Wut umgehen kann. Er sagte angesichts der Ungerechtigkeit: „Es soll aber das Recht offenbart werden wie Wasser und die Gerechtigkeit

wie ein starker Bach" (Amos 5, 24). Es wäre gut, wenn die Christen auch ein bißchen mehr über das Böse, das in unserer Welt passiert, in Zorn geraten würden.
In der Bibel gibt es ein klassisches Beispiel, wie Jesus zornig wurde und aus dieser Wut heraus in der richtigen Weise handelte. Er war von Sorge und Eifer für Gottes Haus erfüllt: „Voller Zorn knüpfte Jesus aus Stricken eine Peitsche und jagte die Händler mit all ihren Schafen und Ochsen aus dem Tempel. Er schleuderte das Geld der Wechsler auf den Boden und warf ihre Tische um. Den Taubenhändlern befahl er: ‚Schafft das alles hinaus! Das Haus meines Vaters ist doch kein Krämerladen!'" (Johannes 2, 15 + 16 – Hoffnung für alle).
Es gibt Zeiten, wo es angebracht ist, sich aufzuregen und sich für das zu ereifern, was wir für richtig halten.
Eine Frau stellte mir die ernste Frage: „Herr Pastor, wann wird Zorn zu einer Sünde?" Ich antwortete: „Immer dann, wenn er zerstörerische Auswirkungen hat."

Zwei Arten, wie Leute falsch mit ihrem Zorn umgehen

Die erste falsche Art, mit dem Zorn umzugehen, ist, ihn an anderen auszulassen.
Es ist Sünde, wenn man einen anderen Menschen verletzt oder ihm irgendeinen Schaden zufügt. Jemanden den Schädel einschlagen zu wollen und ihn anzuschreien, bedeutet, daß man sich wie ein Narr benimmt (vgl. Spr. 29, 11).
Seine Wut an einem anderen abzureagieren:

- ist nicht gesund, sondern ungesund,
- löst keine Probleme, sondern verschlimmert nur noch alles,
- baut die Liebe nicht auf, sondern zerstört sie,
- heilt keine Beziehungen, sondern zerstört sie.

Um ein wirklich christliches Leben zu führen, das von Selbstdisziplin geprägt ist, muß man lernen, seinen Ärger und seine Wut nicht an den Menschen auszulassen, die einem am nächsten stehen. Die Bibel lehrt uns: „Weg also mit aller Verbitterung, mit Aufbrausen, Zorn und jeder Art von Beleidigung!... Legt jede feindselige Gesinnung ab. Seid freundlich und hilfsbereit zueinander und vergebt euren Mitmenschen, so wie Gott euch durch Christus vergeben hat" (Epheser 4, 31 + 32 – Die Gute Nachricht).

Die zweite Art, wie Menschen falsch mit ihrer Wut umgehen, ist, daß sie sie unterdrücken.

Diese übliche Praxis ist sehr ungesund und kann eine Reihe von Krankheiten hervorrufen. Es ist sehr ungesund, ungelöste Wut in sich hineinzufressen. Verdrängter Zorn verletzt einen selbst, und dies kann sehr lange dauern. Leider gehen sehr viele Christen falsch mit dem Gefühl der Wut um, indem sie versuchen, die Wut einfach wegzuleugnen. Sie mögen sich vielleicht dazu entschließen, den Zorn zu leugnen, aber er ist doch da, und er wird Sie tief in Ihrem Herzen weiter plagen.

Der bekannte amerikanische Schriftsteller John Powell sagte dazu: „Wenn ich Gefühle unterdrücke, dann registriert mein Magen das sehr genau." Wenn ein gewißes Maß überschritten wird, kann es vorkommen, daß Sie krank werden.

Unterdrückter Zorn ist wie ein Schachtelmännchen, das immer in einem unbedachten Moment plötzlich herausspringt. Haben Sie schon einmal erlebt, wie Sie über einen anderen eine kritische oder sarkastische Bemerkung machten und selbst über das erstaunt waren, was Sie sagten? Dann war es einfach so, daß Ihr unterdrückter Zorn plötzlich in einem ungeschützten Augenblick an die Oberfläche kam und sich ausdrücken wollte.

Der Ehemann, der auf seine Frau zornig ist, weil sie seine sexuellen Bedürfnisse nicht befriedigt, kann sich selbst dabei ertappen, daß er vor anderen kleine stechende Bemerkungen über seine Frau macht. Sie kennen doch diese beiläufigen Äußerungen, die eigentlich witzig sein sollten, es aber nicht sind. Sie tun weh, und sie bewirken, daß ein Mensch in seiner Seele verletzt wird.

Wenn Sie also Ihren Zorn nicht an anderen auslassen und ihn auch nicht in sich selbst vergraben sollten, was sollten Sie dann damit machen? Eines ist ganz sicher: Was immer Sie tun werden, wird für Sie entweder Krankheit oder Gesundheit bedeuten, entweder Gefühlsaufruhr oder Frieden, zerbrochene oder harmonische Beziehungen, sinnlose Zerstörung oder konstruktives Gespräch.

Als Junge wuchs ich im Staat Ohio, USA, auf. Ich war ein begeisterter Fußballfan und verfolgte mit großem Eifer, und das bis heute, das aufregende Geschehen um den Fußballklub der Ohio State Universität.

Es war ein trauriger Tag für die Fans, als sie auf dem Fernsehbildschirm miterlebten, wie Woody Hayes, einer der erfolgreichsten Trainer des Klubs, der sich schon 28 Jahre im Klub verdient gemacht hatte, im Zorn sich selbst und seinen Fans Schande bereitete, indem er handgreiflich wurde und dadurch seinen Job verlor.

Wir sahen uns gerade das Entscheidungsspiel an, als dies geschah. In einem letzten unbedachten Akt der Frustration über eine Saison schlechter Spiele schlug Woody Hayes einen Gegenspieler, der gerade einen verzweifelten letzten Versuch der Ohio-Spieler abgewehrt und damit die Niederlage des Ohio-Klubs besiegelt hatte. Ich konnte meinen Augen nicht trauen, bis ich diese Szene noch einmal in der Wiederholung gesehen hatte.

Hier hatte einer der großartigsten Fußballtrainer, der schon auf 33 Fußballsaisons zurückblicken konnte, völlig die Beherrschung verloren und einen Spieler des gegnerischen Teams geschlagen. Nun, es kostete Woody seinen Job und, was noch schlimmer ist, seine lange und glanzvolle Karriere fand ein ziemlich jähes und bitteres Ende.

Woody Hayes ist nicht der einzige, der sich selbst damit schadete, weil er es nicht schaffte, seinen Zorn zu beherrschen. Jeder von uns braucht diese Selbstbeherrschung. Der Mann oder die Frau, die sich in ihrem Ärger und ihrer Wut beherrschen kann, hat in jedem Bereich des Lebens große Vorteile.

Ich habe eine gute Nachricht für Sie! Jesus Christus kann Ihnen helfen, damit Sie von Ihrer ungezügelten Wut nicht länger beherrscht werden. Sie können lernen, wie Sie richtig mit Ihrem Zorn umgehen können.

Schritte, um zu lernen mit Ihrem Zorn umzugehen

1. Bekennen Sie ihn.

Sie sollten, wenn Sie wütend werden, nicht aus der Haut fahren oder den Ärger unterdrücken. Der einzige gesunde Weg, mit dem Zorn richtig umzugehen, ist, ihn zu bekennen. Es gibt keinen besseren Weg.

Leider sind sehr viele Menschen nicht richtig über ihre eigenen Gefühle informiert. Christines Liebe für ihren Mann Michael schien entweder zu schlafen oder gar nicht mehr vorhanden zu sein. In einem seelsorgerlichen Gespräch sagte sie mir, daß Michaels Wutausbrüche ihre Liebe zerstört hätten. Sie beschrieb ihn als einen sehr zornigen jungen Mann.
Ein paar Tage später, als ich ein seelsorgerliches Gespräch mit Michael hatte, fragte ich ihn, ob er schon einmal sehr wütend auf seine Frau gewesen sei. Ich sagte: „Ich weiß von Ihrer Frau, daß Sie sie nicht schlagen. Weil Sie Christ sind, fluchen Sie auch nicht in ihrer Gegenwart. Aber sagen Sie mir doch bitte, was Sie tun, wenn Sie in Ihrem Herzen sehr böse auf Ihre Frau sind?"
Er zuckte mit den Schultern, als wenn das nichts wäre und sagte: „Oh, ich spreche einfach eine Woche lang nicht mehr mit ihr." Tragisch war eben, daß er überhaupt nicht merkte, daß eigentlich zerstörerische Wut seine „Schweige-Behandlung" auslöste. Es war ihm nicht bewußt, daß er mit seinem schmollenden Schweigen seiner Frau zu verstehen gab: „Du bist es gar nicht wert, daß ich überhaupt mit Dir rede." Ob nun gewollt oder ungewollt, diese zehn Jahre des schweigenden Zorns hatten diese Ehe so zerstört, daß sie fast nicht mehr zu retten war.

Der erste Schritt, um zu lernen, wie Sie richtig mit Ihrer Wut umgehen können, ist, daß Sie sich bewußt werden, welche Gefühle in Ihnen stecken. Fragen Sie sich: *Was fühle ich eigentlich?*
Mit Sicherheit werden Wutgefühle in Ihnen hochkommen, wenn Sie sich schlecht behandelt, mißhandelt, frustriert, verachtet, verspottet, verflucht, gedemütigt, beschämt, unge-

recht kritisiert, ausgenutzt, ungerecht ausgeschimpft, irritiert fühlen oder man Sie geschlagen, überrannt, brutal behandelt, betrogen oder nicht geschätzt hat.

Wenn Sie wütend sind, tun Sie sich selbst bitte folgenden Gefallen: Gestehen Sie sich Ihre Wut ein. Jeder ist einmal zornig, aber nur die Menschen, die die Offenheit haben, Ihre Wut zuzugeben und Sie vor Gott zu bekennen, werden wirklich lernen, damit auf positive Art und Weise umzugehen.
Es ist wirklich traurig zu sehen, wieviele Christen es sich aus einem Mißverständnis heraus zur Gewohnheit gemacht haben, ihre Aggressionen zu verstecken und deshalb unter den ungesunden Folgen davon leiden. Hierbei ist es wichtig zu erkennen, daß ein Christ jemand ist, der in seinem Verhalten nicht vollkommen sein muß, sondern einer, der lernen möchte, wie man mit Jesus Christus Sieger bleiben kann. Fangen Sie damit an, Ihren Ärger und Ihre Wut zu bekennen. Dann sind Sie schon einen großen Schritt weiter, um Ihre aggressiven Gefühle unter Kontrolle zu bekommen.

2. Finden Sie den Grund Ihrer Wut.

Meine Frau Margi und ich laden oft Leute zu uns nach Hause ein, die wir schulen, um sie auf eine Mitgliedschaft in unserer Kirche vorzubereiten. Vor ein paar Monaten wurde ich, kurz bevor einige Leute kommen sollten, so wütend, daß ich glaubte, ich würde explodieren.
Das war natürlich genau die verkehrte Zeit! Wir wollten doch andere Leute schulen, das erfüllte Leben zu bekommen, das Jesus uns geben möchte, und ich platzte fast vor Wut.
Ich erzähle Ihnen nur sehr ungern, auf wen sich meine Wut richtete. Auf den Menschen, den ich am meisten liebe, meine Frau Margi. Lassen Sie mich Ihnen schnell versichern, daß ich sie nicht schlug oder auch nur ein böses Wort zu ihr sagte. Ich warf ihr nur einen besonders bösen Blick zu. Durch diesen Ausdruck meiner Wut verwundete ich ihre Seele tief.
Ich brauche nicht zu erwähnen, daß ich an diesem Abend keinen guten Unterricht gab, aus dem einfachen Grund, daß ich noch mit meiner Wut fertig werden mußte. Nachdem die Leute an diesem Abend gegangen waren, versuchte ich den

ursprünglichen Grund meiner Wut herauszufinden. Ich entdeckte, daß ich zornig geworden war, weil ich den Eindruck gehabt hatte, ich könne das Ziel, das ich anstrebte, nicht erreichen. Ich hatte Margi gebeten, etwas zu tun, was ich für sehr wichtig hielt. Ich wollte, daß sie es sofort tat, aber sie war gerade mit etwas anderem für sie Wichtigen beschäftigt.

Da ich jetzt verstand, was meinen Zorn verursacht hatte, war ich auch in der Lage, richtig damit umzugehen. Ich bekannte Margi meine Wut und bat sie um Vergebung. In Liebe vergab sie mir, ihre verletzte Seele war geheilt, und wir versöhnten uns.

Wenn Sie das nächste Mal merken, daß Sie zum Zorn gereizt werden, stellen Sie sich bitte zuerst die Frage: „Warum bin ich wütend?"

Stellen Sie sich diese Frage so lange, bis Sie den Grund Ihrer Wut herausgefunden haben. Dabei kann es oft hilfreich sein, über diese Dinge mit einem guten Freund oder Seelsorger zu sprechen. Eine gute Übung, um die Gründe für Ihre Aggressionen herauszufinden, könnte sein, ab und zu die Dinge aufzuschreiben, von denen Sie wissen, daß sie immer wieder bei Ihnen das Gefühl der Wut hervorrufen.

Als ich mir selbst die Zeit nahm, eine solche Liste aufzustellen, entdeckte ich, daß mich folgende Dinge zum Zorn reizen:

- Wenn ich von jemandem ausgenutzt werde,
- wenn ich ungerecht behandelt werde,
- wenn ich eine gerechtfertigte Forderung stelle, die nicht erfüllt wird,
- wenn mein Wert als Person nicht erkannt wird,
- wenn ich vor Leuten bloßgestellt werde, von denen ich möchte, daß sie gut von mir denken,
- wenn sich mir jemand in den Weg stellt, so daß ich das Ziel, das ich mir gesetzt habe, nicht erreichen kann,
- wenn ich Erwartungen habe, die nicht erfüllt werden,
- wenn ich nicht in der Lage bin, Menschen oder Situationen in den Griff zu bekommen, die ich gerne unter Kontrolle hätte,

- wenn sich ein anderer nicht für das interessiert, was ich zu sagen habe,
- wenn man alles, was ich tue, für selbstverständlich nimmt.

Wenn Sie diese wertvolle Übung einmal selbst machen, werden Sie ein besseres Verständnis gewinnen, das Ihnen helfen wird, dieses Gefühl in den Griff zu bekommen.

3. Erkennen Sie, daß Sie selbst für ihre Wut verantwortlich sind.

Vor ein paar Tagen regte ich mich über etwas auf. Ich wurde zornig und sagte: „Er macht mich so wütend." Es ist gut möglich, daß auch Sie schon öfters Ähnliches gesagt haben. Ich frage Sie jedoch, ob diese Aussage richtig ist? Kann ein anderer Mensch Sie oder mich wütend machen?

Die Wahrheit ist doch, daß niemand einen Menschen wütend machen kann, wenn dieser sich nicht selbst dazu entschließt, wütend zu sein. Keiner außer Ihnen selbst kann die Kontrolle über Ihre Gefühle verlieren. Sie allein haben die Wahl.

Wenn wir zornig werden und schlecht mit unseren Gefühlen umgehen, dann dürfen wir keinen anderen als uns selbst dafür verantwortlich machen.

Niemand ist für Ihre Wut verantwortlich als Sie selbst.

Um mit Riesenschritten zu einer gereiften Persönlichkeit zu gelangen, könnte bedeuten: aufhören, andere zu beschuldigen und in Wut auszubrechen und anfangen, die Verantwortung für Ihre eigenen gefühlsmäßigen Reaktionen zu übernehmen. Nur Sie allein können mit Ihrer Wut fertig werden.

4. Lernen Sie, so lange zu schweigen, bis Ihr Ärger ein wenig abgekühlt ist.

Wenn Sie reden, bevor sich Ihre Gefühle ein wenig abgekühlt haben, werden Sie das später bereuen. Je mehr die Gefühle aufgeheizt werden, desto unvernünftiger handeln wir. Die Bibel sagt: „Wer ruhig bleibt, zeigt, daß er Einsicht hat; wer aufbraust, zeigt nur seinen Unverstand" (Spr. 14, 29 – Die Gute Nachricht).

Wenn Sie wütend sind, können Sie natürlich, wenn Sie wollen, Ihren Gefühlen freien Lauf lassen, aber das wäre nicht klug, sondern dumm.

Anstatt Probleme zu lösen, macht es alles nur komplizierter und schlimmer. In der Bibel steht: „Ein Hitzkopf erregt Streit; wer schnell aufbraust, macht viele Fehler" (Spr. 29, 22 – Die Gute Nachricht).

Eine Frau fragte mich: „Wie kann man verhindern, daß man aufbraust und dadurch alles nur noch schlimmer macht?" Ich schlug ihr vor: „Zählen Sie bis zehn, wenn Sie das nächste Mal anfangen, innerlich zu kochen, bevor Sie sprechen, oder folgen Sie dem Beispiel der Frau, die um ihren Ärger abkühlen zu lassen, immer wieder die ersten Worte des Vaterunser wiederholte: „Vater unser, der Du bist im Himmel, geheiligt werde Dein Name...."

Gewöhnen Sie sich daran, zuerst „abzukühlen", bevor Sie sprechen. Dann werden Sie gewinnen. Die Bibel sagt hierzu: „Eine linde Antwort stillt den Zorn; aber ein hartes Wort richtet Grimm an" (Spr. 15, 1). Wenn es zu einem Konflikt kommt, halten Sie sich zurück, lassen Sie Ihre Wut abkühlen, gewinnen Sie Ihre Selbstbeherrschung zurück, und sprechen Sie dann erst mit „sanften Worten". Dann werden Sie ein Friedensstifter anstelle eines Unruhestifters sein.

5. Verarbeiten Sie Ihre Aggressionen auf gesunde Art und Weise.

Ich habe persönlich die Erfahrung gemacht, wenn ich viel Negatives angestaut habe, daß es Wunder wirkt, in dieser Situation ein Tennismatch zu spielen. Ich kann dann so stark, wie ich will, auf den Ball schlagen. Für mich ist dies eine positive Art, meine Aggressionen zu verarbeiten. Es ist natürlich auch ein Sport, den ich sehr gerne treibe.

Ich habe von Leuten gehört, die ihre Aggressionen dadurch verarbeiten, daß sie Holz hacken, den Garten umgraben, Blumenbeete anlegen, an einem Hobby arbeiten, joggen gehen oder eine ganze Reihe anderer Sportarten ausüben.

Wenn nichts anderes hilft, kaufen Sie sich einen Sandsack. Es ist viel besser, wenn Sie Ihren Sandsack boxen, als wenn Sie aus Wut aus einem Ihrer Angehörigen einen „Sandsack" machen und ihn als Ziel Ihrer Angriffe verwenden.

Sie sollten jedes Mal und auf jede mögliche Art versuchen, Ihre Wut positiv zu verarbeiten – nur das ist gesund. Ein weiterer Vorteil hierbei ist, daß die Menschen, die Ihnen am nächsten stehen, dann auch um einiges glücklicher sein werden, weil es viel einfacher sein wird, mit Ihnen zusammenzuleben.

6. Geben Sie die Führung Ihres Lebens an den Heiligen Geist.

Zwei Autos fahren auf der Autobahn. Der eine Wagen ist ein Unfallwagen, der den Auftrag hat, das Leben des Menschen zu retten, den er zum Arzt ins Krankenhaus bringt. Der andere Wagen ist eine alte Limousine, die um die Kurve braust und schließlich bei dem Versuch, einen anderen Wagen zu überholen, einen schweren Auffahrunfall verursacht, bei dem drei Menschen ums Leben kommen.
Worin unterscheiden sich diese beiden Autos und ihr Verhalten? Liegt es am Motor, an der Art des Wagens? Nein, es gibt nur einen wichtigen Unterschied: wer am Steuer sitzt und fährt. Der eine Fahrer hat den Auftrag, eine barmherzige Tat zu vollbringen, der andere ist betrunken. In unserem Gefühlsleben ist es entscheidend, wer am Steuer sitzt – unser Ego oder Christus. Wenn wir die Herrschaft unseres Lebens an Christus abgeben, werden wir von der Kraft des Heiligen Geistes erfüllt, der uns auch Selbstbeherrschung schenkt.

In der Bibel wird uns geboten: „Und saufet euch nicht voll Wein, daraus ein unordentlich Wesen folgt, sondern werdet voll Geistes" (Eph. 5, 18). Nur das wird uns die Kraft geben, die Gefühle in den Griff zu bekommen, die wir noch nicht unter Kontrolle haben.
Selbstbeherrschung ist eine Frucht des Heiligen Geistes, die in Gal. 5, 22 aufgelistet wird. Ich erinnere mich noch, daß ich als Teenager ein ziemlicher Hitzkopf war, was mich oft in einen Kampf verwickelte, bevor ich überhaupt merkte, was geschah. Die Menschen, die mich heute kennen, sehen in mir einen geistlichen Leiter, der seine Gefühle unter Kontrolle hat. Seit diesen Teenagertagen habe ich mich sehr verändert. Was hatte sich in meinem Leben und dem vieler anderer verändert? Der Unterschied liegt darin, daß ich mit fünfzehn Jahren nicht nur Jesus Christus als meinen Erlöser annahm, sondern mich auch für das Wirken des Heiligen Geistes öff-

nete. Ich überließ Jesus das Steuer meines ganzen Lebens, Er durfte also auch über meine Gefühle bestimmen. Weil ich Ihm mein ganzes Leben übergab, das außer Kontrolle geraten war, hat Er mir eine ganz neue Selbstbeherrschung geschenkt.
Ich entdeckte, daß sich dann auch die Frucht des Heiligen Geistes ganz deutlich in meinem Leben zeigt, wenn ich im Geist lebe. Je mehr wir uns der Herrschaft des Heiligen Geistes überlassen, desto mehr Kraft gibt er uns, unser gefühlsmäßiges Leben in den Griff zu bekommen. *Lassen Sie ihn allein in Ihrem Leben regieren!* Und das nicht nur in einigen Bereichen, sondern überall.

7. Hegen Sie keinen Groll gegen jemanden.

Eine Sache sollte man über Ärger und Zorn wissen: Je länger man an seinem Groll festhält, desto fester hält er einen selbst. Je länger Sie zulassen, daß diese negativen Gefühle in Ihnen bleiben, desto tiefer graben sie sich in Ihr Wesen ein. Wenn man über längere Zeit einen tiefen Groll gegen einen Menschen hegt, kann sich daraus ein verzehrender Haß entwikkeln.
Die Bibel ermahnt uns: „Versündigt euch nicht, wenn ihr in Zorn geratet, und versöhnt euch wieder miteinander, bevor die Sonne untergeht. Sonst bekommt der Teufel Macht über euch" (Eph. 4, 26 + 27 – Die Gute Nachricht).
Wenn Ihre Gefühle verletzt sind, sollten Sie sich möglichst schnell damit befassen. Je schneller Sie diese Sache wieder in Ordnung bringen, desto schneller werden Sie sich besser fühlen. Schmollen Sie nicht, und halten Sie nicht an Ihrem Ärger fest. Lassen Sie nicht zu, daß sich schlechte und negative Gefühle über Nacht bei Ihnen einnisten. Einer der besten Ratschläge, den man frischverheirateten Paaren mit auf den Weg geben kann, ist dieser: Versöhnt euch, bevor ihr zu Bett geht. Mit anderen Worten: Nehmt die negativen Gefühle nicht mit in den Schlaf. Wenn ihr das tut, dann werden sie euch negativ beeinflussen.

Wir müssen lernen, für unsere gefühlsmäßigen Wunden genauso schnell zu sorgen, wie wir es für unsere körperlichen Wunden tun würden. Wenn Sie verletzt sind, warten Sie dann

eine Woche, bis Sie die Wunde pflegen? Sicher nicht? Weil die Verletzung nur dadurch verschlimmert würde, wenn man mit der richtigen Behandlung der Wunde warten würde. Dasselbe trifft auch auf gefühlsmäßige Wunden zu.
Man sollte es sich zwar zur Regel machen, lange genug abzuwarten, bis die erste Wut etwas abgekühlt ist. Dann sollte man sich diesem Problem aber schnell, offen und ehrlich zuwenden.

8. Seien Sie mit dem anderen offen und ehrlich. Sagen Sie ihm, was Sie so gereizt und wütend gemacht hat.

Eine Stiefmutter erzählte mir folgende Geschichte aus ihrem Leben: „Als uns unser Stiefkind, das gerade im Teenageralter war, im Sommer besuchte, ging sie eines Abends weg, ohne uns zu sagen wohin. Als sie zurückkam, war sie sehr erstaunt, daß ich einen heftigen Wutausbruch bekam. Ich war sehr wütend und sagte einige sehr schlimme Dinge, die mich selbst erstaunten. Sie hatte doch eigentlich nichts anderes gemacht, als kurz zu dem Laden an der Ecke zu gehen.
Als sie dann zu Bett gegangen war, versuchte ich zu verstehen, warum ich so unvernünftig und aufgebracht reagiert hatte. Ich erkannte, daß es seit ihrer Ankunft Kleinigkeiten gegeben hatte, die mich sehr gereizt hatten. Ich war darüber hinweggegangen und wollte deswegen kein Aufhebens machen. Aber dieses letzte Ereignis hatte das Faß zum Überlaufen gebracht. Es hatte das „Dynamit", das sich innerlich angestaut hatte, explodieren lassen. Weil ich mit ihr in bezug auf diese Vorkommnisse, die mir zu schaffen machten, nicht ehrlich gewesen war, hatte alles nicht mehr die richtigen Proportionen. Am darauffolgenden Tag sagte ich ihr, was ich selbst erkannt und wo ich selbst falsch gehandelt hatte, indem ich meinen Zorn an ihr ausgelassen hatte. Ich bat sie um Vergebung.
Nachdem sie mir meinen Wutausbruch vergeben hatte, konnte ich ihr von den kleinen Dingen erzählen, die mich an ihr so ärgerten, daß sie z.B. ihre Kleider auf dem Boden im Schlafzimmer liegen ließ. Sie sah ein, daß sie gedankenlos gehandelt hatte und entschuldigte sich dafür. Danach fühlten wir uns einander näher als je zuvor."

Wichtig ist jedoch, daß wir zuerst mit unserer eigenen Wut fertig werden müssen, bevor wir mit jemandem reden können, der etwas getan hat, das uns ärgert. Wenn wir es nicht schaffen, mit unserer Wut richtig umzugehen, wird das, was wir sagen, falsch verstanden und noch zusätzlich für Mißverständnisse und Leid sorgen.
Sie sollten also zuerst Ihren Ärger und Ihre Wut behandeln, indem Sie sie offen zugeben. Was immer Sie dann tun, sagen Sie nicht: „Du machst mich wütend." Das wird den anderen mit Sicherheit in die Defensive zwingen. Es wäre besser, etwas Ähnliches zu sagen wie: „Ich bin wütend, und es tut mir leid." Nachdem Sie Ihre Wut zugegeben haben und mit ihr richtig umgegangen sind, sind Sie auch fähig, über die Dinge zu reden, die Sie so ärgern. Reden Sie immer die Wahrheit, aber in der Liebe. Übertreiben Sie nicht. (Vgl. hierzu Eph. 4, 25).

9. *Finden Sie dadurch Befreiung, daß Sie für den Menschen beten, der Sie verletzt hat.*

Gebete können Wunder wirken, wenn Sie wirklich ausdauernd beten. Es ist nicht immer leicht, wenn man für jemanden beten soll, der Sie schlecht behandelt hat. Aber tun Sie es trotzdem! Sie werden erleben, daß die erstaunlichsten Dinge geschehen, während Sie für diesen Menschen beten. Ihre Wut wird verschwinden, und statt dessen werden Sie von Liebe und Verständnis erfüllt. Machen Sie diese Worte auch zu Ihrem Gebet: „Jesus, fülle mein Herz mit einem neuen Verständnis und überfließender Liebe. Nimm mir die negativen Gefühle, und reinige mich durch und durch."

Damit Sie die Selbstbeherrschung gewinnen können, lassen Sie Jesus Ihr ganzes Wesen kontrollieren, nicht nur für einen Tag, sondern jeden Tag neu.

Verzichten Sie auf zügellosen Zorn, und gewinnen Sie Selbstbeherrschung.

Zum Nachdenken

1. Wann waren Sie das letzte Mal sehr verärgert oder wütend?
2. Wie sind Sie mit Ihrer Wut umgegangen? Hatten Sie einen Wutausbruch? Haben Sie Ihre Wut heruntergeschluckt? Haben Sie sie bekannt?
3. Was verursachte Ihre Wut?
4. Zu welchem Zeitpunkt wurden Sie sich bewußt, daß Sie wütend waren? Vor oder nach dem Ereignis, das Sie wütend machte?
5. Beurteilen Sie sich selbst, wie Sie mit Ihrer Wut fertig werden:

   (A) Besonders gut, (B) Sehr gut, (C) Befriedigend,
   (D) Schlecht, (F) Sehr schlecht.

_____ 1. Die Wut zugeben und bekennen,
_____ 2. Den Grund für die Wut herausfinden,
_____ 3. Persönliche Verantwortung für die Wut übernehmen,
_____ 4. Versuchen Sie zu schweigen, bis die Wut etwas abgekühlt ist,
_____ 5. Aggressionen auf gesunde Art und Weise abbauen,
_____ 6. Selbstbeherrschung dadurch gewinnen, daß Sie die Herrschaft Ihres Lebens an Jesus Christus abgeben,
_____ 7. Keinen Groll über längere Zeit hegen,
_____ 8. Mit dem anderen Menschen offen und ehrlich sein und ihm sagen, was einen gereizt und gestört hat,
_____ 9. Befreiung für die Seele dadurch finden, daß man für den Menschen betet, der einen verletzt hat.

6

Lernen Sie, wie Sie am besten mit Ihren Stimmungen umgehen können

Lassen Sie mich Ihnen ein Erlebnis aus meiner Jugendzeit erzählen. Vier oder fünf meiner Freunde und ich sprangen an einem heißen Sommerabend in einen alten Wagen und fuhren zum See hinunter, wo sich ein großer Vergnügungspark befand. Wir fuhren dorthin, um ein wenig mit Mädchen zu flirten und Achterbahn zu fahren.
Ich erinnere mich sehr gut daran. Achterbahn fahren war für mich so, als ob man an einem Jo-Jo hängen und herauf und herunter geworfen würde. Wenn man erst einmal eingestiegen war und die Fahrt begonnen hatte, gab es keinen Fluchtweg mehr, bis man an das Ende der Fahrt kam. Auf der Fahrt gab es Augenblicke, in denen man ganz oben fuhr und begeistert war; im nächsten Augenblick war man aber auch wieder blaß vor Angst. Die Bahn beförderte einen hoch und immer höher, um dann im nächsten Augenblick wie ein Blitz wieder nach unten zu sausen, so daß sich einem der Magen umdrehte und man das Gefühl bekam, sich übergeben zu müssen.
Achterbahn fahren soll angeblich einen Riesenspaß machen. Doch aus eigener Erfahrung kann ich nur sagen, daß ich jedes Mal, wenn ich Achterbahn fuhr, an meinem mir teuren Leben festhielt und mir insgeheim wünschte, dieses „verrückte Monster" solle doch endlich anhalten. Es gibt viele Menschen, die ihr Leben auf einer gefühlsmäßigen Achterbahn verbringen und die gerne von diesem „verrückten Monster" abspringen wollen.

Ein intelligenter, junger Mann, der die Hälfte seiner Zeit von Depressionen geplagt wurde, stellte mir folgende Frage: „Was kann ich tun, um Herr meiner traurigen Stimmungen zu werden?" Eine Hausfrau, die an diesem Punkt auch sehr zu kämpfen hatte, wollte wissen: „Wie kann ich Sieg über meine depressiven Stimmungen und plötzlichen Stimmungsschwankungen bekommen?" Eine Chefsekretärin eröffnete ihrer

Freundin: „Ich mag meinen Chef sehr, außer an den Tagen, an denen er schlechte Laune hat. Dann wird mir meine Arbeit fast unerträglich."
So wie der Frühling auf den Winter folgt und der Herbst auf den Sommer, so verändern sich auch unsere Stimmungen. Es gehört zu den Realitäten des Lebens, daß ich jeden Tag mit einer Stimmung aufwache, die sich von der des Vortages unterscheidet. Es scheint mir, als ob wir zwei verschiedene Stimmungsmuster haben. Das erste Stimmungsmuster möchte ich beschreiben als eine Hochstimmung, die den Rocky Mountains gleicht, und eine Tiefstimmung, die so tief geht wie der Grand Canyon. Menschen, deren Stimmungen sich nach diesem Muster ändern, haben einmal eine ganz phantastische Hochstimmung und dann wieder eine so niederdrückende Stimmung, daß kein Maulwurf tiefer graben könnte. Das zweite Stimmungsmuster erinnert mich an die sanften Hügel, die ich als kleiner Junge im südlichen Ohio kennenlernte. Die Menschen, deren Stimmungen sich täglich nach diesem zweiten verändern, haben das Glück, daß sie zu keinen extremen Stimmungen neigen. Welches dieser beiden Stimmungsmuster verdeutlicht am besten das, was Sie in Ihrem Leben kennen?

Welches von beiden auch immer Ihre natürlichen Stimmungsschwankungen beschreibt, ein befriedigenderes und erfüllteres Leben wartet auf Sie, wenn Sie es nur wagen, Selbstdisziplin im Bereich Ihrer Stimmungen zu üben. Dann werden Sie auch mit Ihren Stimmungen besser fertig werden.

Ich möchte Ihnen die Geschichte von sechs Männern erzählen, die einen Berg besteigen wollten. Sie waren schon unterwegs zum Gipfel, als plötzlich einer der Männer einen steilen Abhang hinunter in eine Gletscherspalte hineinfiel. Seine Freunde versuchten, ihn zu retten. Sehr vorsichtig lehnten sie sich über den Abhang und schrien ihm zu: „Joe, Joe, bist Du okay?" Joes Stimme erreichte sie: „Ich lebe noch ..., aber ich glaube, daß ich beide Arme gebrochen habe."
Die Retter riefen ihm zu: „Wir werden Dir ein Seil zuwerfen und Dich hochziehen." „Beeilt euch, bitte beeilt euch!" schrie Joe.

Nach einigen Minuten fingen die Männer an, Joe heraufzuziehen. Als sie ihn fast zu ¾ hochgezogen hatten, fiel ihnen plötzlich ein, daß Joe gesagt hatte, daß er beide Arme gebrochen habe. „Joe", schrie einer von ihnen, „wenn Du beide Arme gebrochen hast, womit hälst Du Dich denn dann fest?" Joe antwortete: „Mit meinen Zäääääähnen!"

Wie oft schon haben Sie sich so gefühlt, als ob Sie sich am Ende eines solchen Seils befinden würden, an dem Sie sich nur noch so gerade mit Ihren Zähnen festklammern? Sie waren so tief unten, daß schon eine besondere Hebevorrichtung nötig gewesen wäre, um Sie dort wieder hochzuziehen. Es gibt solche Zeiten in unserem Leben, wo wir wirklich so deprimiert sind. In diesen Augenblicken ist unser Wunsch, weiterzuleben nicht mehr sehr groß.

Wie kommen Sie aus einem Stimmungstief heraus?

Gestehen Sie sich erst einmal ein, daß Sie sich gefühlsmäßig in einem Tief befinden. Das ist im Leben jedes Menschen von Zeit zu Zeit etwas völlig Normales. Versuchen Sie als nächstes, den Grund für Ihre Depression herauszufinden. Dazu könnten Sie mit einem Freund oder mit Ihrem himmlischen Vater über alles sprechen, oder, besser noch, Sie tun beides. Fassen Sie dann den Entschluß, sich von Ihren traurigen Stimmungen nicht mehr herunterziehen zu lassen, sondern mit Christi Hilfe wieder hochzukommen.

Wie können Sie Herr Ihrer Stimmungen werden? Wie können Sie richtig mit ihnen umgehen?

Acht Schritte, um es Ihnen zu ermöglichen, mit Ihren Stimmungen richtig umzugehen

1. Lernen Sie zu verstehen, warum sich Ihre Stimmung oft ändert.

Es ist wichtig, daß Sie sich die Zeit nehmen, Ihre Stimmungen und Launen selbst zu analysieren – nur auf diesem Wege kann sich bei Ihnen etwas ändern. Fragen Sie sich, warum Sie an einem Tag gereizt und empfindlich sind, man nur schwer mit Ihnen auskommen kann oder Sie voller Gefühle wie Angst und Sorge stecken. Vielleicht liegt es daran, daß Sie anderen zuviel zugehört haben, die immer nur negativ denken, oder Sie machen sich Sorgen. Es kann auch sein, daß Sie gegen jemanden Groll hegen, oder es ist auf eine körperliche Unausgewogenheit zurückzuführen. Wenn Sie erst einmal den Grund oder die Gründe für Ihre schlechte Laune oder Stimmung herausgefunden haben, sollten Sie versuchen, die notwendigen Schritte zu unternehmen, um daran etwas zu ändern.

Manchmal kann Ihr Gesundheitszustand der Grund für negative und depressive Gefühle sein. Dies kann sich verheerend auf unsere Gefühle auswirken. Unsere Eßgewohnheiten sowie auch Krankheiten üben einen direkten Einfluß auf unsere Stimmungen aus. Sollten Sie jedoch einmal unter einer längeren Depression leiden, die sich von Ihrem normalen Stimmungsmuster unterscheidet, ist es ratsam, auf jeden Fall Ihren Hausarzt aufzusuchen.

Ein krankes Denken oder Seelenleben kann uns gefühlsmäßig sehr herunterziehen. Ein Mann, den wir Philipp nennen wollen, litt an Depressionen. Seine negative Stimmung verursachte, daß er sich von seiner Frau trennte. Nachdem Philipp seit einigen Tagen mit seinem Freund Paul über seine Probleme gesprochen hatte, rief mich dieser an und machte für seinen Freund Philipp einen Termin mit mir aus.

Nachdem wir uns begrüßt hatten, waren Philipps erste Worte: „Ich liebe meine Frau nicht mehr." Während Philipp mir von sich erzählte, fühlte ich, daß er den tiefen Wunsch hatte, Gott zu dienen und für seine Familie das Richtige zu tun, aber er war innerlich von negativen Gefühlen zerrissen, die sich seines Lebens bemächtigt hatten.

Was kann man denn tun, wenn man für seinen Ehepartner keine Liebe mehr empfindet, besonders dann, wenn erwartet wird, daß man als engagierter Christ nach Gottes Geboten und nach Gottes Plan für die Familie lebt.
Im Verlauf der Jahre meiner seelsorgerlichen Arbeit mit mei-

nen Mitmenschen habe ich gelernt, daß der wahre Grund eines Problems sehr oft tief unter der Oberfläche liegt.
Als dieser ernste Mann mir mehr aus seinem Leben erzählte, wurde mir klar, daß er schon seit Jahren voller Bitterkeit seiner Frau gegenüber war. In Liebe versuchte ich, Philipp zu helfen, seine Verbitterung zu erkennen und einzusehen, daß dies eine Sünde ist. Ich lehrte ihn, daß er nicht für das Verhalten und die Einstellungen seiner Frau, jedoch vor Gott für seine eigenen negativen Gefühle verantwortlich war. Unabhängig von seiner Entscheidung, ob er zu seiner Frau zurückgehen würde oder nicht, mußte er doch für sein eigenes Wohlergehen mit diesem krankmachenden Gefühl umgehen lernen, das ihn innerlich so herunterzog.

Groll und Bitterkeit gegenüber einem anderen Menschen werden Sie immer gefühlsmäßig beeinflussen.

Ich gab Philipp eine Hausaufgabe. Er versprach mir in seiner Wohnung, wo er zur Zeit allein lebte, all seinen Groll aufzuschreiben, den er gegen seine Frau hegte. Dann sollte er dieses Blatt Papier nehmen und es an Gott abgeben. Es war Freitagnachmittag, als Philipp bei mir zur Aussprache war.
Am Montagmorgen war ich noch nicht sehr lange im Büro, als Philipp mich schon anrief. In seiner Stimme klang eine völlig neue Freude. Aufgeregt erzählte er mir von seiner befreienden Erfahrung:

„Als ich Sie am Freitag verließ, ging ich sofort nach Hause. Ich fing an, meinen ganzen Groll und meine Bitterkeit meiner Frau gegenüber aufzuschreiben. Mir fielen ziemlich viele schlimme Dinge ein. Ich wußte gar nicht, wieviel Ärger und Groll ich in den vergangenen Jahren tief in mir vergraben hatte. Nachdem ich mir alle Bitterkeit von der Seele geschrieben und geweint hatte, habe ich in einem Schritt des Glaubens dieses Papier verbrannt und es so Gott übergeben. Schon in dem Augenblick, als das Papier noch brannte, spürte ich, wie ein Wunder geschah: All dieser Groll verschwand. So erstaunlich dies auch sein mag, ich spürte, daß ich meine Frau auf neue und frische Art wieder lieben konnte." Der Höhepunkt in Philipps übersprudelndem

Bericht war, daß er mir erzählte, wie gut es ihm tat, wieder bei seiner Frau zu sein.
Nach einer Woche sprach ich wieder mit Philipp. Er sagte mir, daß er sich jetzt nicht einmal mehr an die Ursachen seines Grolls gegenüber seiner Frau erinnern könne. Er war mit Gott ins Reine gekommen und konnte dadurch auch seine Beziehung zu seiner Frau wiederherstellen (vgl. 1. Joh. 1, 9).

Wenn Sie gefühlsmäßig von negativen Gefühlen beeinflußt werden, möchte ich Sie im Namen Jesu Christi auffordern, sich zu öffnen und all diese zerstörerischen Gefühle vor Gott „auszuschütten". Bekennen Sie alles vor Ihm, und bitten Sie Ihn, Sie von all Ihrer Schuld zu reinigen und zu heilen.

Wenn Sie dies tun, werden Sie erleben, wie in Ihr Leben Liebe, Frieden und das befreiende Gefühl der Freude kommen werden.
Wenn man sich intensiver mit der Bibel beschäftigt, wird man feststellen, daß einige Persönlichkeiten der Bibel auch öfters unter ihren negativen Stimmungen litten. Nur kurze Zeit, nachdem Elia eine der größten Gebetserhörungen in der Geschichte erlebt hatte, lag er gefühlsmäßig völlig am Boden. Er setzte sich unter einen Wacholderbaum „... und wünschte den Tod herbei ..." (1. Kön. 19, 4 – Die Gute Nachricht).
Mitten im größten Leid sagte ein völlig entmutigter Hiob: „Meine Seele verdrießt mein Leben; ich will meiner Klage ihren Lauf lassen und reden in der Betrübnis meiner Seele" (Hiob 10, 1). David, der meist sehr positiv eingestellt war, und der auch die meisten Lobpsalmen geschrieben hat, wußte, was es bedeutet, entmutigt und deprimiert zu sein. In solch einer Situation beschreibt er seine Gefühle wie folgt: „Mein Gott, betrübt ist meine Seele in mir ..." (Psalm 42, 7). Jeremia, einer der größten Propheten des Alten Testaments, der mit heiliger Kühnheit mit dem Volk redete, sagte in einem Augenblick äußerster Einsamkeit und Selbstmitleids: „Ich Unglücklicher, warum hat meine Mutter mich geboren?" (Jeremia 15, 10).
Traurig und deprimiert sein bedeutet noch nicht, daß Sie kein Christ sind. Aber es bedeutet, daß sich Ihre Stimmung nach unten bewegt. Denken Sie daran, daß es Ebbe und Flut gibt.

Wenn Sie eine gefühlsmäßige „Ebbe" erleben, sollten Sie insbesondere die Nähe des Herrn suchen, und Ihn mit seiner Kraft Ihre Schwachheit bedecken lassen. Folgende biblische Verheißung ist mir sehr wichtig. „Aber die auf den Herrn harren, kriegen neue Kraft, daß sie auffahren mit Flügeln wie Adler, daß sie laufen und nicht matt werden, daß sie wandeln und nicht müde werden" (Jesaja 40, 31).

2. *Akzeptieren Sie, daß Sie selbst für Ihre Stimmungen und Launen verantwortlich sind.*

Es ist realitätsfremd, wenn man anderen die Schuld für seine schlechte Laune oder Stimmung gibt. Es stimmt zwar, daß andere Menschen unsere Stimmungen beeinflussen, aber sie können dies nur in dem Maße, wie wir es ihnen gestatten. Wir haben die Kraft, uns zu entscheiden. Wir haben die Verantwortung, mit unseren Stimmungen und Launen richtig umzugehen und sie unter Kontrolle zu bringen. Keiner außer Ihnen selbst kann Sie in eine deprimierte Stimmung bringen oder sie überwinden.

Welche Entschuldigung gibt es dafür, daß jemand seine schlechte Laune an anderen ausläßt? Es gibt keine. Mit einem solchen Verhalten versündigt man sich an ihnen.
Was Sie anderen geben, bekommen Sie auch zurück. Mein guter Freund, Dr. Robert Schuller, erzählt gerne die Geschichte von einer Mutter, die ihren Sohn wegen seines schlechten Verhaltens züchtigte. Der Junge sagte nichts zu ihr. Aber bei der ersten Gelegenheit flüchtete er durch die Hintertür und rannte in den Wald. Dort, außer Reichweite, schrie er aus vollem Hals: „Ich hasse Dich, ich hasse Dich, ich hasse Dich!" Das Echo hallte aus dem Wald zurück: „Ich hasse Dich, ich hasse Dich, ich hasse Dich." Die Stimme, die diese häßlichen Worte wiederholte, machte dem Jungen Angst. So schnell ihn seine Füße trugen, rannte er nach Hause und rief noch völlig außer Atem: „Mutter, Mutter, da draußen im Wald ist ein seltsamer Mann, der immer schreit: ‚Ich hasse Dich, ich hasse Dich, ich hasse Dich.'"
Die kluge Mutter nahm den kleinen Jungen bei der Hand und ging mit ihm zurück in den Wald. Dann sagte sie zu ihm:

„Jetzt möchte ich von Dir, daß Du, so laut Du kannst, dreimal hintereinander rufst: ‚Ich liebe Dich, ich liebe Dich, ich liebe Dich.'" Der Junge fühlte sich in der Gegenwart seiner Mutter geborgen und schrie: „Ich liebe Dich, ich liebe Dich, ich liebe Dich." Das Echo wiederholte die wunderschönen Worte: „Ich liebe Dich, ich liebe Dich, ich liebe Dich." Mein Freund Bob Schuller zog die Schlußfolgerung: „Das Leben ist wie ein Echo. Was Sie in den ‚Wald' hineinrufen, kommt auch zu Ihnen zurück." Die Laune oder die Stimmung, die Sie an anderen auslassen, kommt auch zu Ihnen zurück. Die Bibel sagt: „... Was der Mensch sät, das wird er ernten" (Gal. 6, 7).

3. Lassen Sie Sich in Ihrem Leben nicht von Ihren schlechten Stimmungen beherrschen.

Leider lassen viele Menschen zu, daß ihr Leben von ihren Stimmungen und Launen beherrscht wird. Wenn sie sich in guter Stimmung fühlen, kann man sich darauf verlassen, daß sie das auch tun werden, was sie zugesagt haben. Wenn sie aber deprimiert sind oder schlechte Laune haben, dann lassen sie sich gehen. Jeder hat einmal schlechte Laune, aber wir sollten dieser Stimmung nicht zu sehr nachgeben.

Wenn man erst einmal der schlechten Stimmung einen Finger gegeben hat, nimmt sie, je mehr man ihr nachgibt, die ganze Hand. Sie kann unser ganzes Leben beherrschen. Was immer Sie tun, geben Sie nie die Herrschaft Ihres Lebens an Ihre schlechten Stimmungen ab.

Wie oft haben wir schon gesagt: „Ich fühle mich nicht gut und kann dies und das nicht tun." Als ob eine schlechte Stimmung eine Entschuldigung dafür sein könnte, daß wir unseren Aufgaben und Pflichten nicht nachkommen. Wußten Sie schon, daß gerade die Menschen das Beste im Leben erreicht haben, die sich nicht danach fühlten, aber trotzdem eine Sache durchzogen und sich nicht davon abbringen ließen?

Tom Depsey ist ein solcher Mensch, der nicht zuließ, daß seine Gefühle ihn beherrschten. Tom wurde mit einem verkrüppelten Fuß und einem Stummel von rechtem Arm geboren. Aber er ließ nicht zu, daß dies ihn aufhielt. Als Junge

wollte er genauso Sport treiben wie alle anderen Jungen seines Alters. Er hatte den brennenden Wunsch, Fußball zu spielen.
Weil er fest bei seinem Entschluß blieb, ließen seine Eltern einen künstlichen Fuß für ihn anfertigen. Der hölzerne Fuß wurde in einen speziell entworfenen Fußballschuh eingepaßt. Tag für Tag trainierte Tom mit seinem hölzernen Fuß, ob er sich nun danach fühlte oder nicht. Er zwang sich dazu, aus immer weiterer Entfernung Tore zu schießen.
Sein hartes Training machte sich bezahlt, als er als professioneller Spieler für seinen Fußballklub das Siegestor aus der Rekordentfernung von 57 Metern schoß. Fast 67.000 Fußballfans, die diese einzigartige Leistung miterlebten, schrien und lobten ihn. Tom Depsey siegte, weil er sich weigerte, sich in seinem Leben vom Negativen beherrschen zu lassen.

In der Bibel steht ein Wort, dem wir unbedingt Gehör schenken und das wir in unseren Alltag umsetzen sollten: „... Seid fest, unbeweglich und nehmet immer zu in dem Werk des Herrn ..." (1. Kor. 15, 58).

4. Werfen Sie Ihre Lasten auf den Herrn.

Wenn die Lasten des Lebens Ihnen zu schwer werden, bringen Sie sie dem Herrn im Gebet. Die Bibel sagt uns: „All eure Sorgen werft auf ihn" (vgl. auch Psalm 55, 23). Warum sollten wir uns von unseren Sorgen und Lasten beeinflussen lassen, wenn wir doch alles, was uns quält, dem Herrn im Gebet bringen, es loslassen und Gott dafür sorgen lassen können?

Es wird von einer Expedition von Wissenschaftlern erzählt, die zu einer Mission loszogen, um eine besondere Affenart im afrikanischen Dschungel zu fangen. Es war entscheidend wichtig, daß sie die Affen lebend zurückbrachten.
Die Wissenschaftler nutzten ihre Kenntnisse über Affen aus und fertigten eine Falle an, die aus einem kleinen Krug mit einem langen, schmalen Hals bestand. In diesem Krug lagen eine Handvoll Nüsse.
Eine Reihe dieser Krüge wurde hingestellt und umzäumt, während die Wissenschaftler in aller Ruhe in der Nähe warte-

ten, ihres Erfolges gewiß. Und tatsächlich kamen die Affen und gingen mit ihren Händen in den langen Hals der Krüge, um sich ein paar Nüsse zu holen. Aber als sie versuchten, ihre Beute herauszuziehen, konnten sie ihre geballten Fäuste nicht aus der schmalen Öffnung der Krüge zurückziehen, da sie die Nüsse nicht loslassen wollten. So blieben die Affen gefangen an den Krügen stehen. Es fiel den Wissenschaftlern nicht schwer, die Affen, die sich nicht befreien konnten, einzufangen.

Wir lächeln über die Affen und denken, wie dumm sie doch waren. Aber wie oft sind wir gebunden und gefangen an negative Stimmungen, weil wir uns an etwas festklammern, das wir loslassen sollten?

Ein Liederdichter drückte das so aus:

Wer mag sagen und ermessen, wieviel Heil verloren geht,
wenn wir nicht zu ihm uns wenden und ihn suchen im Gebet.
Joseph Scriven

5. In allem Gott Dank sagen.

Eine Hilfe, um aus einer schlechten Stimmung herauszukommen, ist, das Danken zu entdecken und zu praktizieren. Was bedeutet das „Dankprinzip"? Wir finden es in 1. Thess. 5, 18: „Seid dankbar in allen Dingen; denn das ist der Wille Gottes in Jesus Christus an euch." Lassen Sie sich auf dieses Prinzip ein, werden Sie positiver mit Ihren Stimmungen umgehen können und sich besser fühlen.

Wilfried schien ein sehr erfolgreicher Geschäftsmann zu sein. Trotzdem litt er unter Phasen tiefster Depressionen. Wilfried war schon bei vielen Ärzten und bei einem der berühmtesten Psychiater der Stadt gewesen. Trotzdem konnte ihm nicht geholfen werden.
Ich fragte ihn, ob er bereit wäre, sich auf ein geistliches Experiment einzulassen. Er sagte mir, daß er an den Punkt gelangt sei, wo er bereit sei, alles zu tun, das ihn aus seinem seelischen Tief herausholen könne. Wir lasen 1. Thess. 5, 18, und ich sagte ihm: „Ich möchte gern, daß Du diese Woche an jedem Morgen als erstes, wenn Du aufstehst, Gott für irgend

etwas dankst. Auch im Verlauf des Tages sollst Du Gott weiter für alles danken, das Dir in den Sinn kommt. Höre nicht auf, Gott zu danken, was immer Dir auch an diesem Tag begegnet."

Ich warnte Wilfried, daß dieses Danken ihm vielleicht am Anfang komisch vorkommen würde, er solle es aber trotzdem tun, und zwar immer wieder neu. Ich brachte ihn dazu, daß er zusagte, diese geistliche Übung eine Woche lang zu machen.

Die Veränderung am Ende dieser Woche war offensichtlich. Er berichtete mir, übersprudelnd vor Freude, wie er am dritten Tag erlebte, daß er positiver denken konnte und sich zusehends wohler fühlte. Weil er das Prinzip des Dankens täglich konsequent praktizierte, wurde die Tür zu überströmender Freude in seinem Leben geöffnet.

Ich fordere Sie heraus – Danken Sie Gott in allem

Beachten Sie, daß dieser Bibelvers nicht sagt: „Saget Dank *für* alles," sondern: „Saget Dank *in* allem." Nicht alles, was in unser Leben kommt, ist an sich schon gut.

Offen gesagt freue ich mich nicht über Unannehmlichkeiten, die mir mein Auto bereitet, wenn es z.B. nicht anspringt. Ich möchte Ihnen auch sagen, daß ich mich nicht über das Leid freuen kann, das ich bei den Menschen gesehen habe, für die ich sehr viel empfinde. Aber inmitten all dieser Probleme und Schwierigkeiten danke ich Gott, daß Er immer noch regiert und alles unter Kontrolle hat. Ich danke Ihm, daß Er der Herr aller Menschen und über alles ist. Ja, es stimmt: „Saget Dank in allem."

Wenn Sie es wagen, dieses Dankprinzip zu praktizieren, werden Sie erfahren, daß auch Römer 8, 28 wahr ist: „Wir wissen aber, daß denen, die Gott lieben, alle Dinge zum Besten dienen, denen, die nach dem Vorsatz berufen sind." Danken Sie Gott, daß Er am Werk ist und aus Bösem Gutes machen kann. Er hat eine wunderbare Art, alles so zu wirken, daß das Endresultat wirklich zu unserem Besten dient.

6. Stellen Sie Ihren „Sender" auf positiv ein.

Ihre Seele könnte mit einem Radiogerät verglichen werden, Ihre Entscheidungen mit dem Knopf, mit dem Sie den gewünschten „Sender" einstellen. Als ich vor kurzem morgens zur Arbeit fuhr, wurde mir auf halbem Weg zum Büro plötzlich bewußt, daß ich sehr gereizt war. Da wurde mir klar, daß der Sender, den ich im Autoradio eingestellt hatte, alles andere als beruhigende Musik spielte. Sofort wählte ich meinen Lieblingssender, der meinem Geschmack nach immer „gute Musik" spielt. Ja, sie spielten ruhige und friedliche Musik. Als ich den richtigen Sender gewählt hatte, wurde meine Stimmung auch besser.

Überall um Sie herum gibt es negative und positive Dinge. Irgendwo in Ihrer Seele haben Sie einen Knopf, der den richtigen „Sender" in Ihnen einstellt. Sie haben die Wahl, ob Sie einen negativen oder positiven „Sender" einstellen. Wenn Sie negativ einstellen, werden Sie sehr bald deprimiert sein. Wählen Sie jedoch einen positiven „Sender", um das Gute und das Schöne zu sehen, werden Sie innerlich ermutigt und froh sein.

Damit sie sich auf das Positive einstellen, sollten Sie:
- sich auf das konzentrieren, was Sie haben und nicht auf das, was Sie nicht haben;
- sich auf das konzentrieren, was Sie können und nicht auf das, was Sie nicht können;
- sich auf das konzentrieren, was in Ihrem Leben richtig läuft und nicht auf das, was falsch läuft;
- sich auf das konzentrieren, was Sie für andere tun können und nicht auf das, was Sie wünschen, daß andere für Sie tun sollten.

7. Wie kommen Sie wieder hoch, wenn Sie am Boden liegen?

Vor ein paar Jahren bekam ich einen Brief von einer Mutter, die ein behindertes Kind hatte. Maria schrieb, sie habe Tag und Nacht wegen ihres Kindes geweint. Manchmal weinte sie für das Kind, von dem sie wußte, daß es nie normal sein würde. Aber die meiste Zeit weinte sie aus Mitleid mit sich selbst wegen des unerträglichen Leides, dem sie sich stellen mußte.

Maria erzählte mir in einem Brief, daß sie diese Situation erst verkraftet habe, als sie zwei Dinge tat. Zuerst nahm sie den Vers in Anspruch: „Saget Dank in allen Dingen". Dann fing sie an, jeden Morgen als erstes dieses Gebet zu sprechen: „Herr, ich danke Dir für mein krankes Kind. Danke, daß Du ihm helfen wirst, der beste Mensch zu sein, der er sein kann. Danke, daß Du mir helfen wirst, durch meinen behinderten Sohn reifer zu werden."
Das zweite, was Maria tat, um aus ihrem negativen Teufelskreis herauszukommen und in ihrem Leben wieder positiv denken zu können, war, daß sie eine positive Saat pflanzte! Sie merkte, daß sie nicht sehr glücklich war. Anstatt sich selbst zu bemitleiden, mußte sie alles tun, was sie konnte, um andere glücklich zu machen. Was konnte sie denn tun? Gott gab ihr einen guten Gedanken.
Die Sonderschule für behinderte Kinder brauchte ehrenamtliche Mitarbeiter. Sie erklärte sich bereit, jeden Nachmittag in der Schule zu helfen. Indem sie mit anderen Kindern arbeitete und versuchte, sie glücklich zu machen, verstand sie auch ihr eigenes Kind und seine Behinderung besser und lernte, auf ihren Sohn einzugehen. Ja, sie war abends immer erschöpft, aber als sie eines Abends auf die vergangenen Wochen zurückblickte, erkannte sie, daß sie eine neue Freude gefunden hatte.

8. Erheben Sie Ihre Stimme zu Gottes Lob.

Ich habe mir den Punkt, der uns die meiste Freude bringen kann, bis zum Schluß aufgespart. Was ich Ihnen jetzt weitergeben möchte, geht noch einen Schritt über das Dankprinzip hinaus. Ich spreche nämlich von der größten Ermutigung und Veränderung unserer Gefühle, die es gibt. *Es handelt sich um das Lobprinzip.* Die Bibel fordert uns auf: „Freuet euch in dem Herrn allewege! Und abermals sage ich: Freuet euch!" (Phil. 4, 4).
Alle zwei Wochen nehmen wir Donnerstagsabends die Versammlung unserer Kirche für das Fernsehen auf. Es ist üblich, daß wir um 17.30 Uhr damit beginnen und so lange arbeiten, bis wir fertig sind, egal wie spät es dann ist. Das Fernsehen ist eine einzigartige Möglichkeit, Menschen

dort zu erreichen, wo sie sind, und von Gott benutzt zu werden, um ihre Wunden zu heilen und ihnen neue Träume zu schenken. Da ich diese Sendungen leite, ist es entscheidend wichtig, daß ich gut vorbereitet und in meiner besten Form für jede Aufnahme bin. Deshalb habe ich es mir zur Gewohnheit gemacht, am Aufnahmetag alle anderen Verpflichtungen abzublocken und mich einzig auf das zu konzentrieren, was Gott mit meinem Leben durch das Fernsehen bewirken möchte.

Trotz all dieser guten Absichten und Planungen geschah es, daß ich an einem der letzten Aufnahmetage einige Probleme in Verbindung mit den Bauplänen für unsere Kirche hatte. Ich mußte mich ihnen sofort zuwenden. Nachdem ich mich den ganzen Tag mit diesen schweren Problemen herumgeschlagen hatte, war ich abends erschöpft.

Obwohl ich die erste Aufnahme noch ganz gut durchstand, war ich bei der zweiten Aufnahme so müde, daß ich ganz schwache Knie und einen leeren und schwirrenden Kopf hatte. In diesem Augenblick der Not erinnerte mich der Heilige Geist an das ermutigende und belebende Lobprinzip.

Ich verließ das Studio und ging an einen einsamen Ort, wo ich mit Gott alleine sein konnte. Ich erhob meine Stimme und lobte Gott. Während ich Ihn mit ganzer Seele lobte, fühlte ich plötzlich, wie Er Seine Hand nach mir ausstreckte und mich nach oben emporhob, wo ich sein mußte – ganz nah bei Ihm. Danach ging ich mit einer ganz neuen Frische zurück ins Studio, um weiterzusprechen, denn der Geist Gottes hatte mich neu dazu ausgerüstet.

Halleluja – Preiset den Herrn!
Preist Gott in seinem Heiligtum!
Lobt ihn, den Mächtigen im Himmel!
Lobt ihn, denn er tut Wunder,
seine Macht hat keine Grenzen!
Lobt ihn mit Trompetenschall,
mit dem Klang von Harfe und Laute!
Lobt ihn mit Trommeln und Freudentanz,
mit Flöten und mit Saitenspiel!
Lobt ihn mit klingenden Zimbeln,

lobt ihn mit schallenden Becken!
Alles, was atmet, soll den Herrn rühmen!
Preist den Herrn – Halleluja!

(Psalm 150 – Die Gute Nachricht)

Zum Nachdenken

Versuchen Sie, täglich Ihre Stimmungsgewohnheiten einen Monat lang graphisch darzustellen. Wählen Sie die für Ihre Stimmung zutreffende Zahl der Worte und erstellen Sie daraus eine Graphik, indem Sie die Punkte verbinden:

10 Überschwenglich begeistert
9 Freudig erregt
8 Aufgeregt
7 Fröhlich
6 Gute Gefühle
5 Gleichgültig
4 Unangenehme Gefühle
3 Traurig
2 Selbstmitleidig
1 Depressiv

7

Der Mensch – Ein „Gewohnheitstier"

Seit Jahren schlief der Leuchtturmwächter Thomas Buchanan jede Nacht mit dem ruhelosen, unaufhörlichen und einsamen Klang der Glocke auf der Boje neben dem Leuchtturm ein. Es wurde berichtet, daß er sich nie des ständigen Glockengeläuts bewußt war – die Glocke schwang mit den Bewegungen des Meeres hin und her – bis die Glocke eines Nachts aufhörte zu läuten. Sofort saß der Leuchtturmwächter völlig überrascht aufrecht im Bett und sagte zu seiner Frau: „Was war das?"

Wir finden diese Geschichte sicher amüsant, weil sie eine Wahrheit wiedergibt, die den Nagel auf den Kopf trifft, eine Wahrheit, die sich auch auf unser Leben bezieht. Sie sehen: Wir sind alle viel mehr „Gewohnheitstiere", als wir es wahr haben wollen. Auch ich habe meine Gewohnheiten: Ich stehe jeden Morgen zur gleichen Zeit auf, putze die Zähne, rasiere mich, ziehe meinen Jogginganzug an, mache die gleiche Gymnastik. Dann laufe ich dieselbe, 3 km lange Strecke, während ich in meinen Gedanken mit dem Herrn rede. Wenn ich dann nach Hause komme, dusche ich, frühstücke, setze mich in mein Auto und fahre jeden Morgen auf der gleichen Straße zum Büro. Meine Fahrt zum Büro ist schon zu einer festen Gewohnheit geworden, daß es mir gelegentlich passiert, wenn ich einmal ausnahmsweise eine andere Richtung nehmen muß und nicht bewußt daran denke, daß ich automatisch auf der Straße zum Büro fahre.
Ich bin nicht das einzige „Gewohnheitstier". Ich möchte wagen zu behaupten, daß Sie auch eines sind. Würden Sie mir bitte gestatten, daß ich Ihnen dies an einem anschaulichen Beispiel beweise? Verschränken Sie doch bitte jetzt einmal Ihre Arme. Das ist ganz einfach, Sie haben es schon hundertmal gemacht. Haben Sie jetzt Ihre Arme verschränkt?

Beobachten Sie bitte jetzt welchen Arm Sie auf den anderen gelegt haben. Ist es der rechte oder der linke? Jetzt kommt der zweite Schritt dieses lustigen Experiments. Sind Sie bereit? Versuchen Sie ganz schnell, Ihre Arme andersherum zu verschränken. Das fällt Ihnen schwer, nicht wahr? Warum wohl? Weil wir die Gewohnheit haben, unsere Arme, ohne nachzudenken, immer auf die gleiche Art zu verschränken. Dies einmal anders zu tun, ist anstrengend, weil wir bewußt daran denken und dann dementsprechend handeln müssen. Ein großer Teil Ihres Lebens läuft automatisch durch Ihre Gewohnheiten ab. Experten haben geschätzt, daß wir 80% all dessen, was wir von morgens bis abends tun, aus Gewohnheit machen.

Gewohnheiten bewahren uns das, was wir in der Vergangenheit gelernt haben. Eine Gewohnheit hilft uns, ein Verhalten automatisch zu wiederholen, ohne daß wir darüber nachdenken oder es ganz neu erlernen müßten. Eine Gewohnheit kann uns wirklich wundervolle Dienste leisten! Ohne die Hilfe unserer Gewohnheiten wäre unser ganzes Leben sehr viel komplizierter. Ohne die Hilfe der Gewohnheit könnten Sie gar nicht die Tür öffnen oder einen Spaziergang machen, ohne nicht ständig daran zu denken, wie man jeden neuen Schritt macht?

Erinnern Sie sich an die Zeit, als Sie den Führerschein machten? Wieviel Konzentration brauchte es, um ständig nach rechts und nach links zu lenken? Mit der Zeit aber wurde Ihr Autofahren immer automatischer, bis Sie schließlich die Gewohnheit entwickelt hatten und richtig lenken konnten, ohne überhaupt darüber nachzudenken. Gewohnheiten ersparen uns Kraft und Anstrengung.

Was ist eine Gewohnheit? Eine Gewohnheit ist eine wunderbare Erfindung, die Gott in jeden von uns gelegt hat. Man könnte sagen, daß sie wie ein eingebauter Roboter ist. Eine Gewohnheit ist ein Gedanke oder ein Verhalten, das wir so lange wiederholt haben, bis wir es automatisch machen.

Es gibt gute und schlechte Gewohnheiten. Gewohnheiten können:

- Ihr Freund oder Ihr Feind sein;
- Ihnen helfen oder Sie verletzen;

- Ihnen dienen oder Sie versklaven;
- für Sie oder gegen Sie arbeiten;
- Ihnen in Ihrem christlichen Zeugnis helfen oder es zerstören.

Leider hat das Wort *Gewohnheit* (oder Sucht) in unserer Gesellschaft einen schlechten Ruf. Wir haben aus einem Wort, das unbegrenzte positive Möglichkeiten hatte, ein sehr negatives Wort gemacht. In den meisten Büchern heute lesen wir von Trunk-, Drogen-, Zigarettensucht, von der Gewohnheit, zuviel zu essen, zu schwören oder zu fluchen, und von der Gewohnheit, außerehelichen Geschlechtsverkehr zu praktizieren.

Es gibt aber eine erfreuliche Nachricht: Sie können entscheiden, welche Gewohnheiten Sie entwickeln wollen, die dann nicht mehr gegen Sie, sondern für Sie arbeiten. Eine der wunderbaren Konsequenzen eines Lebens als Jünger Jesu ist, daß man „ein völlig neuer Mensch wird" (vgl. 2. Kor. 5, 17). In diesem Augenblick nehmen wir Jesus Christus in unser Leben auf.

Er gibt uns den wundervollen Namen: *Christen.* In der Nachfolge Jesu, wenn wir alte, negative Gewohnheiten ablegen und neue, positive, lebensschaffende Gewohnheiten „anziehen", wachsen wir immer mehr in diesen Namen hinein, so daß Christsein bedeutet, daß man seine schlechten Gewohnheiten losgeworden ist und neue, gute und konstruktive Gewohnheiten entwickelt hat. Es stimmt, daß alte Gewohnheiten nicht leicht überwunden werden, und gute Gewohnheiten entwickeln sich auch nicht ohne Anstrengung und festen Willen. Aber ich glaube, daß es mit Christi Hilfe möglich ist. Sie können die Gewohnheiten ausschalten, die gegen Sie arbeiten, und positive Gewohnheiten aufbauen, die für Sie arbeiten und Ihnen ein immer besseres Leben im Alltag gewähren.

Verstehen Sie, wie Gewohnheiten entstehen

Bevor wir schlechte Gewohnheiten aus unserem Leben verbannen und uns neue, gute Gewohnheiten erarbeiten können, müssen wir verstehen, wie solche Gewohnheiten überhaupt zustande kommen. *Jede Gewohnheit, die Sie oder ich haben, wurde erlernt.* Wenn man eine gewisse Gewohnheit nun erlernt hat, kann man sie auch wieder verlernen. Es gibt keine Gewohnheit, die nicht zu Ihrem Repertoire dazukommen oder davon gestrichen werden könnte. Das ist wirklich eine gute Nachricht: Sie können mit Christi Hilfe ein anderer, ein besserer Mensch werden.

Lassen Sie uns zuerst einmal feststellen, daß einige Gewohnheiten als Reaktion auf bestimmte Reize gelernt werden. Wenn ein Kind z.B. immer durch sein Schreien bekommt, was es will, wird es bald lernen zu schreien, um andere nach seinem Willen zu beeinflussen. Es wächst dann mit der Gewohnheit auf zu schreien, um seinen Willen durchzusetzen. Deshalb müssen wir als Eltern sehr auf der Hut sein und unsere Kinder nicht für ihr Fehlverhalten belohnen. Auf der anderen Seite können wir, indem wir sie für gutes Verhalten loben und sie belohnen, gutes Verhalten bei unseren Kindern zur Gewohnheit werden lassen.
Die zweite Art, wie sich Gewohnheiten entwickeln, ist durch *Nachahmung*. Wir alle neigen dazu, das zu tun, was unsere Vorbilder oder die Menschen, die wir verehren, schon taten. Tausende von Jugendlichen wurden drogensüchtig, weil sie einen Rockstar nachahmten, der ganz offen Drogengenuß als einen möglichen Lebensstil empfahl. Deswegen ist es so entscheidend wichtig, daß unsere Kinder und Jugendliche die richtigen Vorbilder haben, denen sie nacheifern und die sie nachahmen können.

Kinder sind großartige Nachahmer. Als mein jüngster Sohn Scott kaum zwei Jahre alt war, folgte er mir immer ins Badezimmer. Raten Sie mal, was er dort unbedingt tun wollte? Er hatte eine kleine rote Zahnbürste, und jeden Morgen, wenn ich meine Zähne putzte, wollte er auch seine Zähne putzen. Denken Sie nur, mit neunzehn Monaten entwickelte er schon die gute Gewohnheit, sich jeden Morgen seine Zähne zu putzen. Wie erlernte er diese Gewohnheit? Durch Nachahmung. Eltern und ältere Geschwister, laßt Euch warnen! Ein kleines Kind verfolgt jeden Eurer Schritte und versucht, sich genauso wie Sie zu verhalten. Diese Gewohnheiten, die diese Kinder

durch Nachahmung von Euch lernen, werden sie ein ganzes Leben haben.
Drittens entwickeln sich Gewohnheiten durch Wiederholung. Tun Sie etwas mehrmals, dann dauert es nicht mehr lange, bis sich daraus eine Gewohnheit entwickelt hat. Jemand hat einmal gesagt: „Ein Seil, das aus vielen starken Bindfäden besteht, wird zu einem Seil, das zu dick ist, als daß es zerreißen könnte." Erkennen Sie dies, und wenden Sie es auf Ihr Leben an, um gute Gewohnheiten für Ihren Alltag zu entwickeln.

Die beste Art, von einer schlechten Gewohnheit loszukommen, ist, gar nicht erst damit anzufangen. Ein bißchen Vorbeugung ist mehr wert als vieles Heilen. Nehmen Sie nur die ungesunde Gewohnheit des Rauchens, die auch für viele Nichtraucher sehr unangenehm und sogar schädlich ist. Wie fängt jemand mit dem Rauchen an? Indem er eine Zigarette nach der anderen raucht, und bevor er es merkt, ist daraus eine Gewohnheit, ja eine Sucht geworden. Viele Raucher wünschten, daß sie nie damit angefangen hätten. Was lehrt uns dies?
Wir sollten niemals mit etwas anfangen, von dem wir nicht wünschen, daß es zur Gewohnheit wird. Ein weises Wort an uns alle: Nehmen Sie sich die Zeit, genauer zu überlegen, bevor Sie mit etwas beginnen wollen, und fragen Sie sich: „Wenn dies in meinem Leben eine Gewohnheit würde, hätte dies gute oder schlechte Folgen für mich?" Ein weiser Mensch wählt aus und pflegt gute Gewohnheiten, während er solche Verhaltensweisen verwirft, die ihn an schlechte Gewohnheiten binden und versklaven würden.

Um gute Gewohnheiten zu erlernen, müssen Sie gewisse Dinge einfach mehrmals wiederholen. Als unsere Kinder noch kleiner waren, lernten Margi und ich, ein besonderes Problem zu lösen, das bei uns jeden Sonntag auftrat. Bis wir zur Kirche kamen, waren wir fast einem Nervenzusammenbruch nahe. Wir änderten dies, indem wir uns bewußt dazu entschieden, und diese gute Gewohnheit auch pflegten, daß alle zusammenarbeiteten, damit es nicht dazu kam. Vorher war ich meist zur Kirche gerannt und hatte Margi sich selbst

zu Hause überlassen. Sie mußte sich allein um die kleinen Kinder kümmern und sie für den Gottesdienst fertig machen. Ich faßte den Entschluß, daß ich von nun an alles tun wollte, was ich konnte, um den Sonntagmorgen harmonisch zu gestalten, anstatt das übliche Chaos aufkommen zu lassen. Wir machten es uns zur Gewohnheit, nach besten Kräften zusammenzuarbeiten und die Kinder schon Samstagabends zu baden und vorzubereiten, was wir konnten. Sonntagmorgens arbeiteten wir dann beide daran, die Kinder anzuziehen, ihr Frühstück zu richten, sie zu kämmen. Wir machten alles gemeinsam, so daß wir schon um 8 Uhr in einem Geist der Liebe und in der rechten Vorbereitung auf den Gottesdienst losgehen konnten.
Die Entscheidung und das Pflegen dieser guten Gewohnheiten in der Vorbereitung auf den Gottesdienst hatte Auswirkungen auf unser Familienleben. Anstatt daß jeder nervös von dem hektischen Herumrennen war, merkten wir, daß wir rechtzeitig fertig wurden, richtig vorbereitet und ganz entspannt waren. Außerdem machte es uns allen viel Spaß, dies gemeinsam zu erreichen. Hieraus entwickelte sich eine gute Gewohnheit, die sich nicht nur für jeden einzelnen, sondern für unsere ganze Familie zum Besten auswirkte.

Säen Sie eine Verhaltensweise, und Sie ernten eine Gewohnheit.
Säen Sie eine Gewohnheit, und Sie ernten einen Charakter.
Säen Sie einen Charakter, und Sie formen ein Leben.

Lassen Sie gute Gewohnheiten für Sie arbeiten

Es gibt unendliche Möglichkeiten für gute Gewohnheiten, die Sie sich bewußt aneignen können. Jede gute Gewohnheit, die Sie entwickeln, hilft Ihnen und Ihrer Familie ein sinnvolleres Leben zu führen. Nehmen Sie sich jetzt bitte ein Blatt Papier, und schreiben Sie jede gute Gewohnheit auf, die Ihnen erstrebenswert erscheint. Um Ihre Phantasie anzuregen, können Sie die folgende Liste guter Gewohnheiten durchlesen:

Es ist eine gute Gewohnheit:

- zu lächeln,
- seiner Frau oder seinem Mann gegenüber aufmerksam und höflich zu sein,
- regelmäßig zum Gottesdienst zu gehen,
- seine Lieben jeden Morgen fröhlich zu begrüßen,
- ein tägliches Fitneßprogramm zu absolvieren,
- die Menge dessen, was man ißt, zu reduzieren,
- sein Bett jeden Morgen zu machen,
- pünktlich zu sein,
- ehrlich zu sein,
- ein ausgewogenes, nahrhaftes Frühstück zu sich zu nehmen,
- Geld zu sparen,
- seine Rechnungen rechtzeitig zu bezahlen,
- zuzuhören,
- höflich zu Verkäufern und Tankwarts (etc.) zu sein,
- seine Kleidung sauber und gebügelt zu halten,
- positiv und optimistisch zu sein,
- jeden Tag eine „Stille Zeit" mit Gott zu haben.

Zugegeben, ein gute Gewohnheit eignen Sie sich nicht dadurch an, daß Sie sie sich bloß wünschen. Das wird nicht geschehen, nur weil Sie denken, es wäre doch eine gute Idee. Wenn diese gewünschte Verhaltensweise zu einem festen Bestandteil Ihres Lebens werden soll, dann sind eine Willensentscheidung, eine Verpflichtung und immer wieder neue Versuche Ihrerseits notwendig, um diese gute Gewohnheit in die Tat umzusetzen.

Gewohnheiten, die Ihr ganzes Leben bereichern und erfüllen können, liegen für Sie bereit. Sie können sie sich aneignen, wenn Sie sich darum bemühen und keine Anstrengung scheuen. Eine kleine Anstrengung heute wird Ihnen in der Zukunft einen reichen Segen geben. Jede gute Gewohnheit, die Sie sich bewußt aneignen, wird dazu dienen, Ihr Leben auf vielfältige Weise reicher zu machen.

Lassen Sie nicht mehr zu, daß zerstörerische Gewohnheiten über Sie herrschen.

Gott hat Sie erschaffen, damit Sie über Ihre Gewohnheiten herrschen und nicht deren Sklave sind. Sie wurden vom Herrn Jesus Christus erwählt und haben die Kraft Seines Geistes bekommen, um über das zu siegen, was Sie von Ihm wegzieht.

Was ist eine schlechte Gewohnheit? Eine schlechte Gewohnheit ist eine Verhaltensweise oder eine Haltung, die Sie zurück- und davon abhält, in Ihrem Leben Ihr Bestes zu erreichen. Eine schlechte Gewohnheit ist ein Verhalten, das Ihnen selbst oder anderen schadet. Eine schlechte Gewohnheit ist alles, was Sie von Gott trennt. Eine schlechte Gewohnheit ist jede Verhaltensweise oder Haltung, die Ihr christliches Zeugnis beeinträchtigt.
Schlechte Gewohnheiten sind nicht nur Rauchen, übermäßiger Alkoholgenuß, zuviel essen oder Untreue gegenüber dem Ehepartner. Obwohl sie nicht so geläufig ist, ist die Gewohnheit des negativen Denkens genauso zerstörerisch wie jede andere schlechte Verhaltensweise.

Schon sehr früh zeigte sich bei Diana ein natürliches Talent, eine ausgezeichnete Konzertpianistin zu werden. Aber leider hatte sie eine Mutter mit der schlechten Gewohnheit, andere immer sehr scharf zu kritisieren. Ihre Kritik richtete sich auch gegen das Klavierspielen ihrer Tochter. Diana entwickelte diese schlechte Gewohnheit des negativen Denkens, wandte sie auf sich selbst an und dachte, sie spiele nicht gut genug.

Als junge Pianistin gab Diana hervorragende Klavierkonzerte, aber wenn sie einmal einen Fehler machte, wurde sie zuerst unbarmherzig von ihrer Mutter ausgeschimpft, und dann schalt sie sich selbst. Obwohl sie die ganze Zeit ausgezeichnet Klavier spielte, glaubte sie, unfähig zu sein. Diese Angewohnheit, immer an sich herumzunörgeln, löschte Dianas Fähigkeiten fast aus. Jetzt ist sie Mitte Zwanzig. Sie hätte die Fähigkeit, eine brillante Konzertpianistin zu werden, wenn sie ihre Talente ausbauen würde, aber sie weigert sich, vor irgend jemandem zu spielen. So falsch ihr negatives Denken auch ist, es wurde zu einer Gewohnheit, die ihre Karriere und Zukunft vernichtete.

Ich glaube, daß Sie mit Christi Hilfe schlechte Verhaltensweisen und negatives Denken überwinden können, wenn Sie sich nur dazu entschließen würden. Wenn Sie dies wagen, können Sie eine viel freiere, positiv denkende und glücklichere Person werden.

Wie Sie von der Gewohnheit, an die Sie gebunden sind, frei werden können

1. Geben Sie Ihre schlechten Gewohnheiten zu.

Seien Sie ehrlich zu sich selbst. Andere können Ihre schlechte Gewohnheit sehen, warum nicht Sie selbst? Wem wollen Sie eigentlich etwas vormachen? Überprüfen Sie jede zweifelhafte Gewohnheit in Ihrem Leben anhand dieser beiden Fragen: *Schadet mir diese Gewohnheit? Behindert sie mich?* Wenn Sie diese beiden Fragen mit Ja beantworten, müssen Sie sich der Tatsache stellen, daß Sie von einer schlechten Gewohnheit beherrscht werden.

2. Bevor Sie eine schlechte Gewohnheit beherrschen können, müssen Sie sich entscheiden, damit aufhören zu wollen.

Lassen Sie uns der Realität ins Auge sehen: Keine schlechte Gewohnheit läßt sich ohne Eigeninitiative überwinden. Normalerweise rate ich Leuten nie, daß sie aufgeben sollen. Aber wenn es sich um schlechte Gewohnheiten handelt, ist der einzige Weg, hier zu siegen, wenn man diese Gewohnheiten aufgibt.

Reden Sie mit Gott darüber, bis Sie glauben, daß Sie es mit Seiner Hilfe schaffen können. „Ich vermag alles durch den, der mich mächtig macht, Christus" (Phil. 4, 13). Mit Jesus als Ihrem Meister können Sie auch Ihre schlechten Gewohnheiten meistern.

3. Verschwenden Sie keine Energie darauf, sich selbst zu verurteilen.

Jesus sagte: „So verdamme ich Dich auch nicht; gehe hin und sündige hinfort nicht mehr" (Joh. 8, 11). Es ist weit besser, Ihre Energien dafür einzusetzen, sich zu ändern, als sich selbst zu verurteilen. Sie machen schon einmal Fehler – aber Fehler können Sie nicht ein Leben lang festlegen. Betrachten Sie die Zeiten, wo Sie versucht haben, davon loszukommen und es nicht geschafft haben, als ein Aufwärmtraining vor der letzten Schlacht zum Sieg. Wenn Sie sich fest vornehmen und sich darauf verpflichten, eine bestimmte schlechte Gewohnheit zu überwinden, können Sie sicher sein, daß Christus Ihnen helfen wird, die Schlacht zu gewinnen.

4. Setzen sie sich einen festen Termin, und fangen Sie an.

Sie werden diese Gewohnheit niemals loswerden, wenn Sie nicht selbst die Initiative ergreifen und sich einen Termin setzen, wann Sie anfangen werden. Ich schlage vor, daß Sie diesen Tag rot im Kalender anstreichen.
Achten Sie jedoch darauf, daß Sie es nicht immer hinauszögern. Alles, was wir auf morgen verschieben, wird meist überhaupt nicht erledigt. Was gibt Ihnen die Zuversicht, daß es morgen für Sie leichter wäre? Sie sind sich sicher bewußt, daß es besser ist, so bald wie möglich damit zu beginnen. Was hält Sie davon ab? Beginnen Sie jetzt, und Sie werden sehen, daß es möglich ist, die Gewohnheit, die sich zerstörerisch auf Ihr Leben auswirkt, unter Kontrolle zu bringen

5. Halten Sie es sich vor Augen, daß Sie gewinnen werden.

Forscher haben den Wert einer bildhaften Vorstellung aufgebauscht, da sie herausfanden, daß wir 80% unserer Kaufentscheidungen aufgrund unserer bildlichen Vorstellung machen. Diese Fähigkeit, uns in unseren Gedanken etwas vorzustellen, was Realität wird, ist ein wunderbares Werkzeug, das Gott uns zur Verfügung gestellt hat. Die Träume von heute werden zu den Realitäten von morgen.
Benutzen Sie diese Vorstellungskraft auch, um Ihre Gewohnheiten zu verändern. Ich esse sehr gerne Desserts. Aber ich

habe herausgefunden, daß ich der „süßen" Versuchung widerstehen kann, wenn ich mir vorstelle, daß Maden über das leckere Essen laufen. Dieses Bild verdirbt mir dann jedes Mal den Appetit darauf.

Verändern Sie das negative Bild in Ihren Gedanken in ein positives. Stellen Sie sich selbst so vor, wie Sie gerne wären – schlank und in Form – anstatt sich selbst als übergewichtig zu sehen. Sehen Sie sich selbst als jemand, der positiv auf neue Ideen reagiert. Stellen Sie sich vor, die Gewohnheit, an die Sie so lange gebunden waren, endlich überwunden zu haben. Konzentrieren Sie Ihre Gedanken auf diese Vorstellung von Ihrem neuen Ich. Es wird sich wie ein Magnet auf Sie auswirken, der Sie zum Erfolg treiben wird.

6. Erwarten Sie kurzfristigen Schmerz.

Rechnen Sie damit, daß Sie körperliche und seelische Schmerzen erleiden werden, wenn Sie sich von einer bestimmten Gewohnheit trennen. Aber denken Sie daran, daß der Schmerz nur eine kurze Zeit anhält. Denken Sie auch daran, daß diese Gewohnheit Ihnen sonst, wenn Sie sich nicht von ihr trennen, einen ständigen Schmerz bereiten würde. Es ist viel besser, für eine kurze Zeit Schmerzen auszuhalten, als immer wieder unter den Folgen einer schlechten Gewohnheit leiden zu müssen. Übergewicht könnte z.B. zu einem verfrühten Tod führen. Schlechte Gewohnheiten kann man nicht überwinden, ohne Schmerzen zu ertragen. Aber der Sieg, den Sie erringen werden, ist ganz gewiß dieses kurze Unbehagen wert.

Die Freude und die Begeisterung, einige Pfunde leichter zu sein, das Rauchen aufgegeben zu haben und vom Alkohol frei geworden zu sein, ist die Mühe und die Schmerzen wirklich wert. Hören Sie einmal den begeisterten und überschäumenden Berichten der Menschen zu, die diese Erfahrung gemacht haben. Sind sie nicht glücklich? Ich kann Ihnen versichern, daß auch Sie eine höhere Selbstachtung hätten, wenn Sie es schaffen würden. Sie wären sehr stolz auf sich.

7. Geben Sie nie auf, bevor Sie gewonnen haben.

Was immer Sie tun, geben Sie nie auf. Sie können mit Christi Hilfe über Ihre Gewohnheit siegen, wenn Sie sich darum bemühen. Sie müssen es immer wieder neu wagen und dürfen nie aufgeben. Verzichten Sie auf das weniger Wichtige, und Sie werden das Bessere gewinnen.

Harald hatte eine Gewohnheit, die nicht nur ihm selbst, sondern allen Mitgliedern seiner Familie schadete. Sobald er von der Arbeit nach Hause gekommen war, begann er, seine Frau anzuschreien, weil das Abendessen noch nicht fertig war. Sie tat immer nur ihr Bestes, aber mit vier kleinen Kindern, von denen zwei noch in den Windeln waren, hatte sie wirklich alle Hände voll zu tun. Am Abend, wenn Harald nach Hause kam, war sie so müde, daß sie sich ihm am liebsten in die Arme geworfen hätte, aber statt irgendeine Hilfe von ihm zu bekommen, wurde sie von ihrem Mann angeschrien, der allein an sich selbst dachte.
Nach einigen sehr guten Gesprächen mit seinem Seelsorger stand Harald diese schlechte, zerstörerische Gewohnheit klar vor den Augen. Zum ersten Mal sah er ein, wie egoistisch er gewesen war und was seine Angewohnheit, jeden anzuschreien, bei seiner Frau und seinen Kindern angerichtet hatte – es machte alle nur unglücklich.
In dem Gespräch mit dem Seelsorger stellte sich heraus, daß Haralds Gewohnheit, immer herumzuschreien, in seiner Frau eine tiefe Bitterkeit hervorrief. Wenn sie dann zu Bett gingen und er sich Zärtlichkeit von ihr wünschte, war sie einfach nicht mehr dazu fähig.
Bei einem dieser Gespräche faßte Harald den Entschluß, sein Verhalten zu ändern. Er nahm den Vorschlag des Seelsorgers an, diese Gewohnheit durch eine positive Verhaltensweise zu ersetzen: Er faßte den Entschluß, sich um die Kinder zu kümmern, während seine Frau das Abendessen vorbereitete.
Es kostete Harald einiges an Überwindung. An den ersten Abenden, als er versuchte, sich zu ändern, kam es ihm ganz seltsam vor, weil er überhaupt nicht mehr schreien konnte und sich statt dessen ganz ruhig hinsetzen und sich mit den Kindern beschäftigen mußte. Aber er lernte sehr schnell.

Nach ein paar Wochen hatte er sich eine neue, positive Gewohnheit angeeignet, die ihm ein viel besseres Selbstwertgefühl gab.
Dieses Ersetzen einer schlechten durch eine gute Gewohnheit machte sich auch noch anders bezahlt: Seine Kinder reagierten neu auf ihn wie auf einen Vater, den sie wirklich liebten. Seine Frau reagierte auch im Schlafzimmer völlig anders. In seiner Familie herrschte ein ganz neues Verständnis untereinander und eine echte Liebe.

Mit Jesu Hilfe
können Sie über Ihre Gewohnheiten herrschen
und ein reicheres, sinnvolleres Leben führen!

Zum Nachdenken

1. Schreiben Sie alle Gewohnheiten auf, die Sie überwinden wollen.
2. Schreiben Sie die Gewohnheit auf, die Sie als erste verändern möchten. Setzen Sie sich einen festen Termin, wann Sie damit beginnen wollen.
3. Gibt es eine gute Gewohnheit, die Sie an die Stelle der schlechten setzen könnten?
   Wenn ja, schreiben Sie sie hier auf.
4. Schreiben Sie alle guten Gewohnheiten auf, für die Sie sich bewußt entscheiden und die Sie zu einem Bestandteil Ihres Lebens machen wollen.
5. Schreiben Sie zwei gute Gewohnheiten auf, die Sie sich am meisten in Ihrem alltäglichen Leben wünschen und setzen Sie sich einen Termin für den Neuanfang.

8

Die Kunst, mit seinem Einkommen auszukommen

Als ich ein Seminar zum Thema „Geld" abhielt, begann ich mit dieser Frage: „Warum ist es so schwer, richtig mit unserem Geld umzugehen?" Hier sind einige der Antworten, die ich darauf bekam: Inflation, leichte Kredite, der Druck, mit den anderen mitzuhalten, die Macht der Werbung, hohe Zinsen, zu niedrige Gehälter, Versuche, seinen Kindern zuviel zu geben, die Unfähigkeit, Verkäufern etwas abzuschlagen, und viele andere, ähnliche Antworten.
Am Ende traf eine Frau mit ihrer Antwort den Nagel direkt auf den Kopf: „Ich glaube, wir tun uns deshalb so schwer, unser Geld richtig zu verwalten, weil dies harte Arbeit ist. Da wir alle ein bißchen zur Faulheit neigen, scheuen wir harte Arbeit." Es stimmt, daß es keinen anderen Bereich im Leben gibt, der soviel festen Willen und Selbstdisziplin braucht wie der richtige Umgang mit unserem Geld.

Finanzielle Tatsachen, denen wir nicht gerne ins Auge sehen

1. Ihr Geld wird sich nicht von alleine verwalten.

Wenn Sie es nicht schaffen, Ihr Geld richtig zu verwalten, sind Sie auf dem besten Wege zum finanziellen Ruin. Die meisten Menschen täuschen sich, wenn sie glauben, daß sich ihr Geld selbst verwalten wird. Nichts ist weiter von der Wahrheit entfernt. Die Wahrheit ist, daß niemand Ihr Geld verwalten wird, wenn Sie es nicht tun.

2. Es kommt nicht so sehr auf die Höhe des Gehalts an, sondern darauf, wie Sie damit umgehen.

Oft wird uns gesagt: Je mehr Leute verdienen, desto schlechter können sie mit ihrem Geld haushalten. Sie sagen: „Was?

Wie kommt das denn?" Das liegt wohl daran, daß diese Leute sich der Illusion hingeben, daß ihre Geldprobleme dadurch gelöst werden, daß sie immer mehr Geld verdienen. Wenn jemand mit seinem Geld nicht richtig umgehen kann, wird er mehr Geldprobleme bekommen, je mehr Geld er verdient.

Ich kannte einen Mann, der nur ein durchschnittliches Einkommen hatte und nicht so recht mit seinem Geld auskam. Da er ein neues Gerät, das er erfunden hatte, erfolgreich auf den Markt brachte, verzehnfachte sich sein Einkommen innerhalb eines Jahres. Am Ende dieses Jahres hatte er nicht nur das Zehnfache, nein, mir schien, das Hundertfache an Geldproblemen. In dem Jahr als er soviel verdiente, mußte er sogar Konkurs anmelden. Wie man mit dem, was man verdient, umgeht, ist weit wichtiger als die Höhe des Gehalts.

3. *Man kann es sich nicht leisten, mehr auszugeben, als man verdient.*

Ein Sextaner könnte Ihnen sagen, daß Sie bald finanzielle Probleme bekommen werden, wenn Sie im Monat 2200 DM ausgeben, aber nur 2000 DM verdienen. Das ist einfach die Realität – Sie können es sich nicht leisten, mehr Geld auszugeben, als Sie verdienen.

4. *Lohnen sich Kredite für Dinge, die schnell ihren Wert verlieren?*

Wenn das, was Sie sich gekauft haben, sehr bald verbraucht oder nicht mehr funktioniert, was haben Sie dann noch davon? Eine dicke Rechnung und noch mehr Schulden. Frage – wenn Sie es sich heute nicht leisten können, in bar zu bezahlen, wie werden Sie es später bezahlen können, plus Zinsen?

5. *Auch wenn Sie viel verdienen, wird es immer Wünsche geben, die Sie sich nicht erfüllen können.*

Diese Tatsache können wir, die wir in einer Überflußgesellschaft aufgewachsen sind, nur schwer akzeptieren. Ich würde gerne zu allem ja sagen, was sich jedes Mitglied meiner Familie wünscht. Aber die harte finanzielle Realität ist eben, daß es viele Dinge gibt, die ich mir nicht leisten kann. Dieser

Realität müssen wir uns stellen – wir sitzen alle in einem Boot. Es gibt auch sehr viele Dinge, die sich keiner von uns leisten kann. Also, warum akzeptieren wir diese Realität nicht und sagen nein zu manchen Wünschen? Wir müssen nein sagen können!

Wir werden aufgefordert, unser Geld richtig zu verwalten

Wußten Sie schon, daß Gott Ihnen vertraut? Ja, tatsächlich, der, dem alles gehört, vertraut uns ein Teil davon an, damit wir es recht verwalten. In Matthäus 25 erzählt Jesus das Gleichnis von den anvertrauten Pfunden. Die Geschichte zeigt, daß Gott jedem von uns unterschiedliche Mengen gibt, die wir verwalten sollen. Jesus erklärt uns, daß es nicht auf die Summe ankommt, die uns gegeben wird, sondern darauf, wie gut wir mit dem umgehen, was uns anvertraut wurde. Es ist eine ernüchternde und zugleich herausfordernde Tatsache, daß jeder von uns vor Gott, dem Vater, dafür verantwortlich ist, wie er mit seinem Geld umgeht.
Wenn wir darin versagen, das richtig zu verwalten, was Gott uns anvertraut hat, verhalten wir uns wie der untreue Knecht im Gleichnis. Verschwenderisch mit dem Geld umzugehen, würde bedeuten, das zu veruntreuen, was Gott uns gegeben hat. Auf der anderen Seite können wir uns das Recht erwerben, noch mehr von Gott zu bekommen, wenn wir unser Geld sehr gut verwalten. All denen, die hier gute Arbeit leisten, gibt Gott aus seiner überreichen Fülle.

Kann Gott Ihnen bei der Verwaltung Ihres Geldes vertrauen?

Ich bin sicher, daß auch Sie Ihr Geld gut verwalten möchten und Verbesserungsvorschlägen nicht abgeneigt sind. Hier habe ich einen guten Vorschlag für Sie – wenden Sie dieses absolut gültige Prinzip an: Verzichten Sie auf das weniger Wichtige, um das Wichtigere zu gewinnen.

Konkrete Hilfen,
um zur finanziellen Unabhängigkeit zu gelangen.

1. Geben Sie 10% Ihres Einkommens an Gott ab!

Die Bibel nennt das, den Zehnten geben. Das ist nicht nur der wichtigste erste Schritt, um die Lösung für Ihre Geldprobleme zu finden, sondern es wird Ihnen auch helfen, das zu verwalten, was Gott Ihnen gegeben hat. Er wird Ihnen auch noch einen zusätzlichen Segen geben, wenn Sie Ihn an die erste Stelle setzen.
Damit Gott Ihnen Sein Bestes geben kann, müssen Sie Ihm auch Ihr Bestes geben! Machen Sie sich selbst nichts vor – Sie können Gott nicht die Reste geben, und Ihm vormachen, Ihm Ihr Bestes gegeben zu haben. Es gibt keinen größeren Narren als den, der sich selbst ständig zum Narren hält. Sie möchten doch Gottes Bestes und Höchstes in Ihrem Leben erfahren, oder nicht? Dann sollten Sie das befolgen, was uns die Bibel in Spr. 3, 6 + 9 lehrt: „Denk an ihn bei allem, was du tust; er wird dir den richtigen Weg zeigen. (...) Ehre den Herrn mit deinen Opfergaben; bringe ihm das Beste vom Ertrag deiner Arbeit. Dann werden deine Kornspeicher sich füllen und deine Weinfässer überlaufen" (Die Gute Nachricht).
Ich habe in meiner Arbeit mit den verschiedensten Menschen die Beobachtung gemacht, daß diejenigen, die nie gelernt haben, das Prinzip des Zehnten zu praktizieren, ständig in finanziellen Schwierigkeiten stecken. Auf der anderen Seite kann der Zehnte alleine noch keinen finanziellen Erfolg garantieren. Aber es ist ein wichtiger Fortschritt bei der richtigen Verwaltung Ihres Geldes, wenn Sie regelmäßig den Zehnten geben. Wenn Sie das tun, können Sie damit rechnen, daß Gott Ihnen nicht nur mit Ihren Finanzen helfen wird, sondern Er wird Seinen reichen Segen auf Sie ausgießen.

2. Arbeiten sie hart.

Jemand drückte es einmal so aus: „Nichts kann harte Arbeit ersetzen, und Faulheit führt nie zum Erfolg." Die Bibel beschreibt diesen Sachverhalt so: „Untätige Hände bringen die Armut, fleißige Hände den Reichtum" (Spr. 10, 4 – Die Gute Nachricht). Wenn Sie in Ihrem Leben die besten Dinge erreichen wollen, dann müssen Sie Ihre natürliche Faulheit überwinden und die gute Gewohnheit entwickeln, sich mit ganzem Herzen in die Arbeit hineinzugeben.

3. Ergreifen Sie günstige Gelegenheiten.

Die Bibel sagt: „Wer gescheit ist, erntet, wenn das Korn reif ist; wer die Erntezeit (oder die günstige Gelegenheit) verschläft, verdient Verachtung" (Spr. 10, 5 – Die Gute Nachricht). Seien Sie auf der Hut! Günstige Gelegenheiten z.B. für beruflichen Erfolg werden sich anbieten.

4. Suchen Sie sich soviel seelsorgerlichen Rat wie möglich.

Suchen Sie bei Christen Rat, bevor Sie eine größere finanzielle Entscheidung treffen, wie z.B. ein Haus zu kaufen, ein Geschäft zu eröffnen oder eine größere Investition zu tätigen. „Ein Dummkopf hält alles, was er tut, für richtig; der Kluge hört auf klugen Rat" (Spr. 12, 15 – Die Gute Nachricht). Sie werden erstaunt sein, wieviele gute Experten bereit sind, Ihnen einen klugen und vernünftigen Rat zu geben, wenn Sie nur danach fragen.
Der Mensch, der vor einer wichtigen finanziellen Entscheidung den Rat möglichst vieler Experten einholt, hat einen großen Vorsprung vor den anderen, die keinen Rat annehmen wollen. Wenn wir den seelsorgerlichen Rat von Christen meiden, liegt das meist daran, daß wir im Grunde wissen, daß an dem, was wir tun wollen, irgend etwas „faul" ist. In den Sprüchen wird uns gesagt: „Pläne ohne Beratung schlagen fehl; durch gute Ratgeber führen sie zum Ziel" (Spr. 15, 22 – Die Gute Nachricht). Seien Sie klug, und akzeptieren Sie die Tatsache, daß mehrere Ratgeber besser sind als einer.

5. Seien Sie nicht zu stolz zuzugeben, daß Sie finanziell einen Fehler gemacht haben.

Irgendwann macht jeder einmal einen Fehler in finanzieller Hinsicht. Je eher man diesen Fehler zugibt, sein Geld zusammenrafft und aus dem Geschäft aussteigt, desto klüger ist man. Welche Dummheit, wenn man dann zu stolz ist, seinen

Fehler zuzugeben und immer tiefer in dieses Unglück hineingerät. Die Bibel warnt uns: „Auf Stolz folgt Sturz, nach Übermut kommt Untergang" (Spr. 16, 18 – Die Gute Nachricht).

6. Gehen Sie nie finanzielle Verpflichtungen für andere ein.

„Wer sich durch Handschlag verpflichtet, für die Schulden eines anderen aufzukommen, ist ein Mensch ohne Verstand" (Spr. 17, 18 – Die Gute Nachricht).

7. Informieren Sie sich gründlich, bevor Sie eine finanzielle Entscheidung treffen.

Es gibt viele Menschen, die Sie nicht anlügen werden, die Ihnen aber auf der anderen Seite nur alle Fakten sagen werden, wenn Sie danach fragen. Gehen Sie keine Verbindlichkeiten ein, bevor Sie nicht alles bis auf das Letzte geprüft haben. Einer meiner Freunde mußte beträchtliche Summen dafür ausgeben, das Haus, das er vor kurzem gekauft hatte, von Termiten reinigen zu lassen. Eine genauere Prüfung vor dem Kauf hätte ihm viel Geld erspart.
Bleiben Sie dabei, wenn Sie einen fairen Preis festgesetzt haben. Spr. 20, 14 (in der Übersetzung der Guten Nachricht) gibt uns hier die richtige Weisung, was man mit jemandem tun sollte, der den fairen Preis heruntersetzen will: „'Viel zu teuer!' sagt der Käufer; doch wenn er weggeht, reibt er sich die Hände."

8. Seien Sie in allen Ihren Geschäften ehrlich.

Es stimmt, daß man viel Geld damit machen kann, wenn man andere betrügt. Aber früher oder später wird einem dieser kurzfristige Profit schmutzig vorkommen. Die Bibel sagt dazu: „Wer von Betrug lebt, findet anfangs Geschmack daran; aber hinterher hat er den Mund voll Sand" (Spr. 20, 17 – Die Gute Nachricht).

9. Seien Sie vorsichtig bei Spekulationsgeschäften.

Kluge Menschen befolgen diesen Bibelvers in Spr. 21, 5: „Fleiß mit Überlegung bringt sicheren Gewinn, jede Übereilung bringt nichts als Verlust (oder hastige Spekulationsgeschäfte bringen Armut)" (Spr. 21, 5 – Die Gute Nachricht).

10. Leben Sie schuldenfrei.

Um so frei zu leben, wie Gott das von Ihnen möchte, ist es notwendig, daß Sie nicht in die „Schuldenfalle" gehen. Wenn Sie schon viele Schulden haben, dann unternehmen Sie radikale Schritte, um so schnell wie möglich die Schulden begleichen zu können. Einen Kredit für einen Haus- oder Autokauf aufzunehmen, ist eine Sache. Wenn man aber viele Kreditzinsen und Raten abzahlen muß, ist das sehr belastend. Bedrückende Schulden rauben uns die Freiheiten, die Gott uns doch gerne schenken wollte. In Spr. 22, 7 heißt es: „Der Reiche hat die Armen in seiner Gewalt; wer sich Geld leiht, wird zum Sklaven seines Gläubigers."

11. Bauen Sie sich zuerst eine Existenz auf, bevor Sie ein Haus bauen.

Diese weise Wahrheit finden wir in Spr. 24, 27 (in der Übersetzung der Guten Nachricht): „Erledige zuerst, was du draußen zu tun hast; bestelle deine Felder für die Ernte; dann kannst du daran denken, ein Haus zu bauen und eine Familie zu gründen." Wenn Ihre Geschäfte erst einmal blühen und gut laufen, dann werden Sie auch mehr als genug Geld haben, um sich ein schönes Heim zu schaffen.

12. Bereiten Sie sich durch Sparen auf finanzielle Engpässe vor.

Wenn Sie Kinder, ein Auto, ein Haus oder irgendwelche Maschinen haben, werden sich früher oder später für Sie unerwartete Engpässe ergeben. Daran ist nichts zu ändern. Jemand in Ihrer Familie wird vielleicht krank, das Auto muß repariert werden oder, was uns letzte Woche passierte, der Ofen heizt nicht mehr. Für die Menschen, die gespart und sich so rechtzeitig auf derartige Dinge vorbereitet haben, gehören solche finanziellen Engpässe einfach zum Leben dazu. Für denjenigen, der nichts gespart hat, kommen sie einer mittleren Katastrophe gleich. „Der Erfahrene sieht das Unglück kommen und bringt sich in Sicherheit; der Grünschnabel läuft mitten hinein und muß es büßen" (Spr. 27, 12 – Die Gute Nachricht).

13. Hüten Sie sich vor Versprechungen, Sie könnten schnell und ohne Probleme reich werden.

Sie sollten lieber vorsichtig sein, wenn Ihnen jemand viel Geld für nichts verspricht. Die Bibel sagt dazu: „Ein habgieriger Mensch greift nach dem Reichtum und weiß nicht, daß die Armut nach ihm greift" (Spr. 28, 22).

Zum Nachdenken

1. Schreiben Sie die Menschen und Situationen in Ihrem Leben auf, gegen die Sie negative Gefühle hegen. Schreiben Sie daneben, was Sie unternehmen wollen, um Ihr Denken vom Negativen ins Positive zu verändern.

   a. ______________________________

   ____

   ____

   b. ______________________________

   ____

   ____

   c. ______________________________

   ____

   ____

   d. ______________________________

   ____

   ____

2. Machen Sie eine Liste von all den positiven Dingen, die Sie in Ihrem Leben entdecken können.

9

Wie können wir in einer negativen Welt positiv leben?

Wie kann man positiv denken, wenn in unserem Leben so viele negative Dinge geschehen? Wir müssen es schon zugeben, daß es nicht leicht ist, in einer Welt, in der die überwiegende Mehrheit der Leute immer negativ denkt, positiv zu leben.
Wir leben in einer negativ geprägten Welt. Sollten Sie dies nicht glauben, schlagen Sie doch einmal die Zeitung auf und lesen jeden Artikel aufmerksam durch. Wenn Ihre Zeitung mit einer durchschnittlichen Tageszeitung zu vergleichen ist, werden Sie feststellen, nachdem Sie die Artikel auf ihre positive oder negative Färbung hin untersucht haben, daß 90 % oder mehr negativ und nicht positiv ist. Einige der Reporter verstehen sich sogar besonders gut darauf, überall das Negative aufzuspüren und es aufzubauschen, bis man am Ende einer Geschichte nur noch das Negative sehen kann. Man will uns weismachen, daß das Anormale die Norm ist. Kein Wunder, daß inzwischen viele Leute zu der Überzeugung gekommen sind, daß keine Nachrichten gute Nachrichten bedeuten.

Im vergangenen Jahr leitete ich ein riesiges Bauprojekt für unsere Kirche. Aus eigener Erfahrung kann ich sagen, daß es nicht immer leicht ist, positiv zu bleiben. Unser Projekt fiel gerade in eine Zeit der Rezession. Als ich mit vielen Bankfachleuten und finanziellen Repräsentanten in unserer Gemeinde gesprochen hatte, entdeckte ich, daß sie nicht zu den Menschen gehören, die sehr positiv denken.

Verstehen Sie mich nicht falsch – ich mag Leute, die im Bankgeschäft arbeiten, aber ich habe persönlich die Erfahrung gemacht, daß sie alles von einem negativen Standpunkt aus betrachten. Wenn ich ihnen erlaubt hätte, mich in ihr negatives Denkschema zu pressen, dann wäre aus unserem Bauvorhaben gar nichts geworden.

Ohne eine positive Grundhaltung in Ihrem Denken können Sie gar nichts Vernünftiges erreichen. Ein Mensch mit einer negativen Grundhaltung in seinem Denken wagt nicht, irgend etwas Neues anzufangen, wie wertvoll oder sinnvoll dieses auch sein mag.

Vor einigen Jahren kamen zwei konkurrierende Schuhfabrikanten gleichzeitig nach Afrika, um dort einen Markt für ihre Firmen zu eröffnen. Beide erkundeten gleichzeitig das Innere des Landes. Nach einigen Wochen telegrafierte der eine Fabrikant an seine Firma, er fahre mit dem nächsten Schiff nach Hause, weil es in Afrika keinen Absatzmarkt für Schuhe gäbe. Die Eingeborenen trügen keine Schuhe.

Der andere Fabrikant jedoch, der eine positive Grundhaltung hatte, schickte folgendes Telegramm an seine Firma: „Bitte schickt mir ganz schnell einige tausend Schuhe in allen Größen, Farben und Arten, denn die Eingeborenen hier haben keine Schuhe." Der eine Mann sah nichts außer den Unmöglichkeiten, während der zweite die einzigartige Gelegenheit sah und sie ergriff. *Unsere Grundhaltung macht den ganzen Unterschied aus.*

Möchten Sie lieber von positiven oder von negativen Gedanken beeinflußt werden:

Ein positiver Gedanke	Ein negativer Gedanke
– gibt Ihnen gute Gefühle,	– macht Sie krank,
– kann Ihnen helfen, die besten Möglichkeiten zu sehen,	– kann Sie dazu bringen, die unerfreulichen Möglichkeiten in Erwägung zu ziehen,
– hebt Sie hoch,	– zieht Sie herunter,
– läßt Sie über Umstände herrschen,	– macht Sie zum Sklaven schwieriger Umstände,
– kann Ihnen helfen, Freunde zu gewinnen und Ihnen einen positiven	– kann dazu führen, daß Sie Freunde verlieren und Ihnen einen negativen

Einfluß über Menschen geben,	Einfluß über Menschen geben,
– kann Sie Jesus ähnlicher machen.	– kann Sie von Jesus wegbringen.

Ungeachtet dessen, wie andere denken, Sie können positiv denken, wenn Sie es wirklich wollen. Wie können Sie in einer negativen Welt positiv leben? Es gibt nur einen Weg: indem Sie nicht nur einmal, zweimal oder dreimal, sondern immer wieder neu Selbstdisziplin üben. Um eine positive Grundhaltung im Denken behalten zu können, braucht es der wiederholten Selbstdisziplin. Man muß sich ganz bewußt dem Negativen widersetzen und sich konsequent für das Positive entscheiden.

Sie brauchen sich nicht in das allgemein übliche negative Denkschema pressen zu lassen, das heute fast die ganze Welt regiert. Die Bibel sagt das so: „Und stellet euch nicht mit dieser Welt gleich" (Römer 12, 2). Gott hat in Sie die Möglichkeit der Entscheidung gelegt, sich allen negativen Einflüssen zu widersetzen und Ihre Gedanken positiven Dingen zuzuwenden.

Wie kann man in einer negativen Welt positiv leben?

1. Entscheiden Sie sich für das Positive!

Vor einiger Zeit hörte ich von einem Mann, der in seinem Büro einen Tag erlebte, an dem einfach alles schief lief. Das erste, was an diesem Morgen passierte, war, daß ihn seine Bank anrief und ihm sagte, sein Geschäftskonto sei weit überzogen. Er hatte gerade den Hörer aufgehängt, als sein Verkaufsleiter hereinkam und ihm sagte, ihr bisher größter Kunde habe sie verlassen.

Während er versuchte, diese Probleme zu verarbeiten, wurde er zudem mit Problemen einiger Angestellten belästigt. Am Ende dieses Arbeitstages fühlte er sich, als wäre eine Lokomotive über ihn gefahren. Er war deshalb beim Autofahren sehr unachtsam und wurde von einem Polizisten angehalten,

der ihm einen Strafzettel gab. Als er dann endlich nach Hause kam, war er völlig deprimiert. In seinem bequemen Fernsehsessel wollte er nur noch seine Ruhe und seinen Frieden haben.
Zu seinem Entsetzen aber war sein kleiner Sohn an diesem Abend sehr ausgelassen. Er hörte nicht auf zu schreien, zu brüllen, ihm auf die Nerven zu gehen und seine Aufmerksamkeit zu verlangen. Schließlich schrie der Vater, als es ihm nun wirklich zuviel wurde: „Raus hier und laß mich endlich in Ruhe."
Jeden Tag treffe ich Menschen, die sich von ihren Lebensumständen deprimieren und besiegen lassen; sie werden von den Dingen überrannt, die sich in ihrem Leben ereignen, und sie haben sich damit abgefunden, mit einer negativen Grundeinstellung im Denken zu leben.
Eine der größten Botschaften, die das Christentum verbreitet, ist, daß Sie immer noch die Wahl der Entscheidung haben, ungeachtet dessen, was in Ihrem Leben geschieht. Und weil Jesus Christus gekommen ist, um in uns zu leben, haben wir die Kraft, durch ihn, der uns liebt und sich selbst für uns hingegeben hat, mehr als Überwinder zu sein. Jesus möchte, daß wir in unserem Leben eine sieghafte und überwindende Kraft erfahren, damit wir Sieger und nicht hilflose Opfer sind.
Es gibt kein Leben, in dem Entscheidungen kein fester Bestandteil sind. Sie haben immer die Wahl der Entscheidung! Sie werden vielleicht durch sehr schwere Lebensumstände geprüft oder mit unlösbaren Problemen konfrontiert. Oder aber in Ihrer Familie geschehen Dinge, die Ihrer Meinung nach völlig außer Kontrolle geraten. Auch in einer solchen Situation haben Sie noch die freie Wahl der Entscheidung. Ob Sie eine positive oder eine negative Grundeinstellung wählen, entscheidet, wie Sie in Ihrer Umwelt leben werden.

Vor vielen Jahren saß die Dichterin Ella Wheeler Wilcox am East River in New York und dachte darüber nach, warum Menschen, die aus ein und derselben Familie oder Umgebung kommen, sich so unterschiedlich entwickeln können. Während sie dort saß, beobachtete sie einige Segelschiffe, die den Fluß aufwärts zu den Docks fuhren. Das inspirierte sie, die folgenden Worte zu schreiben:

Ein Schiff fährt nach Osten, das andere nach Westen,
der gleiche Wind bläst in ihre Segel.
Die Winde entscheiden darüber,
wohin der Weg gehen wird, und nicht,
wie die Segel gesetzt wurden.

Als ich selbst in meinem Leben etwas sehr Tragisches und Schreckliches erlebte, las ich zufällig die Geschichte von Dr. Victor Frankl. Während dieser mutige Mann im grellen Licht des Innenhofes in einem Konzentrationslager der Gestapo stand, nahmen ihm die Soldaten alles ab, was er noch besaß – seine Kleider, seine Uhr, sogar seinen Ehering.
Dr. Frankl sagte, daß er alles bis auf eine Sache verloren hatte, als er dort nackt, mit rasiertem Körper und öffentlich beschämt stand. Es war etwas, das ihm niemand nehmen konnte. Er erkannte in diesem Augenblick, daß er immer noch die Kraft hatte, frei über seine eigene Einstellung und sein Denken zu entscheiden.

Egal, was in Ihrem Leben geschieht oder wie dunkel Ihre Situation auch sein mag, *Sie allein haben die Macht, über Ihre eigene innere Einstellung zu entscheiden.* Das, was Sie denken wollen, entscheidet mehr als die Fakten, als die Lebensumstände oder irgend etwas anderes über die Atmosphäre, in der Sie leben. Wenn Sie sich entscheiden, das Schlimmste zu denken, werden Sie in einer düsteren Welt leben. Wenn Sie sich entscheiden, hinter die negative Fassade zu blicken, um das Positive zu sehen, dann wird sich Ihnen eine neue Welt voller Schönheiten eröffnen. Schönes ist überall um Sie herum zu finden, wenn Sie sich die Mühe machen, danach zu suchen.

In der Weihnachtszeit, als unsere Kinder noch klein waren, stellte unser Nachbar ziemlich früh seinen Weihnachtsbaum nach draußen. Als ich nach einem anstrengenden Arbeitstag nach Hause kam, sah ich die Lichter in seinem Garten. Ich dachte: Margi wird jetzt bestimmt hinter mir her sein, daß ich endlich auch unseren Weihnachtsbaum in den Garten stelle.

Sehen Sie: Ich hatte eine negative Haltung gewählt; diese hielt mich davon ab, daß ich mich über die Schönheit der Lichter freuen konnte. Im Verlauf des Abends, als ich die Haustür noch einmal öffnete, stand mein dreijähriger Sohn Scott neben mir und sah die Lichter auf der anderen Straßenseite zum ersten Mal. Er war ganz begeistert! Er kreischte, sprang hoch – er sah zum ersten Mal den Zauber der schönen Weihnachtslichter. Weil er eine positive Einstellung wählte, konnte er sich seines Lebens freuen.

Sie und ich wählen jeden Tag in Hunderten von verschiedenen Situationen, ob wir uns mit einer positiven Grundeinstellung des Lebens freuen oder uns mit einer negativen Grundeinstellung durch das Leben „schleppen" wollen.

2. Richten Sie Ihre Gedanken auf das, was gut ist.

Das beste Buch, das je über positives Denken geschrieben wurde, ist die Bibel. In Phil. 4, 8 finden wir diese wichtige Wahrheit: „... Richtet eure Gedanken auf das, was gut ist und Lob verdient, was wahr, edel, gerecht, rein, liebenswert und schön ist" (Philipper 4, 8 – Die Gute Nachricht).

Das Wort „richten auf" ist ein Tätigkeitswort. Es ist etwas, wofür Sie sich bewußt entscheiden. Je mehr Sie Ihr Denken mit positiven Gedanken füllen, desto mehr wird das positive Denken eine bereichernde Gewohnheit in Ihrem Leben werden.

Wegen der Intensität des negativen Einflusses überall in unserer Umwelt, ist es entscheidend wichtig, daß wir uns täglich die Zeit nehmen, unsere Gedankenwelt erneuern zu lassen. Nie haben wir es nötiger gehabt, diesen Vers in unserem Leben in die Tat umzusetzen als in der negativen Welt, in der wir heute leben müssen. Die Bibel sagt: „Paßt euch nicht den Maßstäben dieser Welt an. Laßt euch vielmehr im Innersten von Gott umwandeln. Laßt euch eine neue Gesinnung schenken. Dann könnt ihr erkennen, was Gott von euch will. Ihr wißt dann, was gut und vollkommen ist und was Gott gefällt" (Röm. 12, 2 – Die Gute Nachricht).

Wie kann man sein Denken, seine Gesinnung und seine Maßstäbe erneuern lassen? Indem man sich die Zeit nimmt, das Wort Gottes zu lesen und über Gott nachzudenken. Wir werden eine Erneuerung erfahren, wenn wir unsere Gedanken mit solchen Bibelversen wie diese füllen:

„... so ihr Glauben habt wie ein Senfkorn, so mögt ihr sagen zu diesem Berge: Hebe dich von hinnen dorthin! so wird er sich heben; und euch wird nichts unmöglich sein"

Matthäus 17, 20

„Denn ich schäme mich des Evangeliums von Christus nicht; denn es ist eine Kraft Gottes, die da selig macht alle, die daran glauben ..." Römer 1, 16

„Ich vermag alles durch den, der mich mächtig macht, Christus." Philipper 4, 13

Sich bewußt für positive Gedanken entscheiden, bedeutet nicht, daß man vor allem, was schlecht und verkehrt ist, die Augen verschließen muß. Aber es bedeutet, daß man das Negative im richtigen Verhältnis zum Positiven sieht.

Martin und Beate waren ein sehr glücklich verheiratetes Paar. Ihre Liebe zueinander wuchs von Jahr zu Jahr. Als man sie nach dem Geheimnis ihres Glücks fragte, bekannte Martin, daß sie in den ersten Jahren ihrer Ehe schreckliche Konflikte miteinander austrugen. Er sagte: „Wir dachten sogar schon daran, uns zu trennen."

Dann geschah etwas, das ihr Leben veränderte. Eines Tages entschlossen sie sich, eine Liste all der Dinge zu machen, die sie am anderen nicht mochten. Es war für sie schmerzvoll, sich gegenseitig die lange Liste von dem, was sie am anderen störte, vorzulesen. Doch sie taten es und brachten alles ans Tageslicht.

Als nächstes zündeten sie in ihrem Kamin ein Feuer an. Dann verbrannten sie ihre Listen ganz feierlich. In diesem entscheidenden Augenblick nahmen sie einander zum ersten Mal wirklich so an, wie sie waren.

Martin und Beate hatten aber noch einen anderen Entschluß gefaßt: Sie stellten auch eine Liste aller positiven Punkte auf, die sie beim Partner fanden. Nachdem sie über ihre Positiv-Listen gesprochen hatten, hängten sie diese in einem schönen Bilderrahmen in ihr Schlafzimmer.

Von diesem Tag an, der ihr ganzes Leben veränderte, entschieden sich Martin und Beate in den vielen Jahren ihrer wachsenden Liebe zueinander, sich auf die positiven Punkte des anderen zu konzentrieren, anstatt seine Fehler zu bemängeln. Sie legten sich selbst die Disziplin auf, ihre Gedanken auf das Gute zu lenken. Dies führte bei diesem klugen Paar zu einer glücklichen Ehe. Wenn Sie dieses Prinzip praktizieren, werden Sie nicht nur eine positivere Grundeinstellung haben, sondern alle Ihre zwischenmenschlichen Beziehungen werden positiv verändert und Ihr Leben reicher werden.

3. Lernen Sie, positiv zu reagieren.

Wenn Sie mit einer positiven Grundeinstellung im Denken leben wollen, müssen Sie ein grundlegendes Prinzip verstehen und in die Praxis umsetzen: Was auch geschehen mag, Sie können immer noch Herr Ihrer Reaktionen sein.

Es gibt einen alten, fernöstlichen Weisheitsspruch: „Du kannst nicht verhindern, daß die Vögel über Deinen Kopf fliegen, aber Du kannst sie daran hindern, ein Nest in Deinem Haar zu bauen." Wie oft in unserem Leben reagieren wir negativ auf eine schlechte Behandlung und erschweren dadurch alles, anstatt Probleme zu lösen.

Vor kurzem machte meine Frau Margi wieder diese köstlichen Schokoladenplätzchen. Seit Tagen hatte ich mich beim Essen beherrschen können, aber diese Schokoladenplätzchen waren eine zu große Versuchung für mich – ich konnte ihnen nicht widerstehen. Meine Frau sagte unserer Tochter Ann und unserem Sohn Scott, daß sie keine Plätzchen mehr essen sollten. Sie hätten jetzt wirklich genug gehabt. Sie hatte Angst, es könne ihnen schlecht werden.
Als ich mir vor den Augen aller ein Plätzchen nahm, sagte sie auch mir, daß es jetzt genug sei. Die Wahrheit war, daß ich nicht nur genug hatte – ich hatte schon zuviele gegessen. Aber in diesem Augenblick meldete sich die Rebellion in mir. Ich wollte mir nicht von meiner Frau diktieren lassen, ob ich nun noch ein Plätzchen essen sollte oder nicht. Ich zeigte ihr also, wer der Boß war und aß das Plätzchen.

Sehen Sie, im Augenblick meiner negativen Rebellion verlor ich die Freiheit, vernünftig zu entscheiden, ob ich noch einmal zugreifen sollte oder nicht. Anstatt eine freie Entscheidung zu treffen, reagierte ich nur auf das, was sie sagte, und tat dann genau das Gegenteil.

Sie lachen über mich, aber wie oft haben Sie in der letzten Woche ähnlich negativ reagiert? Ich glaube, daß es zu den größten Herausforderungen unseres Lebens gehört, positiv auf negative Ereignisse zu reagieren.
Diese Herausforderung und die Aufgabe zu lernen, positiv auf negative Ereignisse zu reagieren, ist sehr groß und schwierig. Ich kenne keinen Menschen, der dies täglich konsequent ohne die Hilfe und die Kraft des Herrn Jesus Christus schaffen könnte. Ich weiß zwar, daß es Menschen gibt, die ihre Entscheidungsmöglichkeiten richtig einsetzen und auch sehr positiv denken können, ohne unbedingt Christen zu sein. Aber ich habe die Beobachtung gemacht, daß es unmöglich ist, in seinen Gedanken und in seiner Seele von innen heraus positiv zu bleiben, auch wenn man angegriffen wird, wenn man nicht die Kraft Gottes in sich hat. Jesus Christus ist der Eine, der gekommen ist, um in und durch uns zu leben.

Was war es für eine Welt, in die Jesus kam, um dort zu leben und seinen Dienst zu verrichten? Es war eine Welt, in der zwei Drittel der Bevölkerung Sklaven waren. Sein eigenes Volk, die Juden, lebten unter einer Gewaltherrschaft. Sie wurden von einer korrupten römischen Regierung unterdrückt. Der Haß, den das jüdische Volk gegen seine Unterdrücker empfand, war mit einem Dampfkochtopf zu vergleichen, der kurz davor ist zu explodieren. Frauen wurden schlecht behandelt und Kinder mißhandelt. Viele litten unter Armut und mußten hungern. Ja, es war eine sehr negative, verarmte Welt, in der Jesus lebte.

Womit wurde Jesus sonst noch konfrontiert? Er mußte mit dem Teufel und seinen listigen Versuchungen kämpfen. Er wurde konfrontiert mit dem Spott und dem Zynismus der Leute, die alles für unmöglich hielten. Sie riefen ihm spöttisch zu: „Was kann schon Gutes aus Nazareth kommen?"

Während des ganzen öffentlichen Wirkens Jesu, wann immer Er ein Wunder vollbrachte, gab es Menschen, die sich weigerten, das Gute an diesen Wundern anzunehmen. Als Jesus einen lahmen Mann heilte, konnten die ständig nörgelnden Pharisäer nur sehen, daß Er das von Menschen gemachte Sabbatgesetz brach.

Da war ein von Dämonen besessener Mann, der in den Gräbern lebte und sich wie ein Verrückter aufführte. Jesus kam zu diesem geplagten Mann und trieb die Dämonen aus. Der Mann wurde wieder gesund und hatte wieder Frieden mit sich selbst gefunden. Hier war ein Wunder geschehen – aber alles, was die negativ reagierenden Geschäftsleute dieser Gemeinde sehen konnten, war, daß Jesus die Dämonen in ihre Schweine fahren ließ, die sich die Klippen hinunterstürzten. Sie konnten nichts außer ihrem großen Verlust sehen und baten Jesus, ihre Stadt zu verlassen.

Jesus berührte einen Mann, der von Geburt an blind war, und er konnte auf wunderbare Weise wieder sehen. Aber Jesu negative Kritiker wollten wissen: „Wer hat gesündigt, daß dieser Mann blind geboren wurde?"

Als Jesus am Kreuz für unsere Sünden starb und damit die größte Liebestat vollbrachte, die je gezeigt wurde, sahen selbst seine engsten Jünger nur auf den Tod. Als Jesus für alle Sünden bezahlte, verloren sie ihre ganze Hoffnung. Sie reagierten negativ, als das größte Ereignis stattfand, das die Geschichte je gesehen hat. Sie waren völlig niedergeschlagen.

Warum fühlt sich der Mensch vom Negativen so angezogen? Das liegt an der Sünde, die in ihm herrscht. Wie kann ein Mensch denn positiv werden? Dies muß mit einer inneren Veränderung durch die Kraft des auferstandenen Jesus Christus beginnen. Jesus ist nicht nur unser vollkommenes Vorbild eines positiven Lebens. Er ist auch gekommen, um sein positives Leben in uns zu verpflanzen. Jesus sagte: „Ich bin gekommen, daß sie das Leben und volle Genüge haben sollen" (Joh. 10, 10).

Öffnen Sie die Tür Ihres Lebens, und bitten Sie Jesus, hereinzukommen und Ihr Herr zu werden. Lassen Sie Ihn sein positives Leben in Sie verpflanzen. Lassen Sie Jesus in Ihr Herz kommen.

Wenn ein Mensch Jesus Christus als seinen Herrn und persönlichen Heiland aufnimmt und in täglicher Gemeinschaft mit Ihm lebt, beginnt er zu lernen, wie man die größte Predigt, die je gepredigt wurde, in den Alltag umsetzen kann. Die Predigt wurde von Jesus Christus selbst gehalten und ist als die Bergpredigt bekannt (Matthäus 5 – 7). Der größte Teil dieser Predigt, die sich auf unser Alltagsleben konzentriert, hat mit zwischenmenschlichen Beziehungen zu tun.

Jesus lehrt uns hier revolutionäre Dinge für unseren Alltag: Wenn uns jemand auf die rechte Backe schlägt, sollten wir ihm auch die linke hinhalten. Wir sollten diejenigen lieben, die uns hassen und verfluchen, ihnen vergeben und sie segnen. Wir sollten mit denen, die uns zwingen, die erste Meile zu gehen, auch noch die zweite gehen. Wir sollten für die beten, die uns verfolgen. All dies widerspricht natürlich unserer menschlichen Natur. Wir wollen härter zurückschlagen, als wir geschlagen wurden. Aber warum sollten wir zulassen, daß uns das negative Verhalten eines anderen diktiert, wie wir denken, empfinden oder handeln werden?

Fassen Sie Mut, und stehen Sie mit Christi Hilfe auf, um in jeder Situation positiv reagieren zu können.
Jesus sagte uns: „Überwinde das Böse mit Gutem."
(vgl. Römer 12, 21).

Ein Christ hat die beste Gelegenheit durch die Kraft Jesu Christi in ihm ein Zeugnis zu sein, wenn er von einem Mitmenschen irgendwie schlecht behandelt wurde. Als Jesus das Opfer der grausamsten Mißhandlung wurde und am Kreuz hing, sagte er: „Vater, vergib ihnen, denn sie wissen nicht, was sie tun" (Lukas 23, 34). Vergeben Sie, und tun Sie etwas Positives, und was immer auch geschehen mag, Sie werden wie Jesus auch aus jeder Situation als Sieger hervorgehen.

4. Weigern Sie sich, Ihr Leben von negativen Lebensumständen bestimmen zu lassen.

Es ist einfach eine Tatsache, daß im Leben negative Ereignisse unvermeidlich sind. Unser Auto läuft auf einmal nicht mehr, wir erkranken, die wirtschaftlichen Bedingungen ändern sich. All diese Schicksalsschläge und noch viele andere sind einfach Bestandteile unserer „Reise" hier auf der Erde.

Aber mit Christi Hilfe brauchen Sie und ich nicht Opfer unserer Lebensumstände zu werden. Wir können jedes Ereignis in unserem Leben mit Seiner Hilfe überwinden. Wenn wir gerade von den Höhen und Tiefen in der Wissenschaft sprachen, möchte ich darauf hinweisen, daß viele der erfolgreichsten Firmen in Amerika in den sogenannten „schlechten Zeiten" gegründet wurden. Warum? Weil sich die Gründer dieser Firmen weigerten, ihr Leben von den schlechten Zeiten bestimmen zu lassen. Im Gegenteil: Sie waren desto mehr davon überzeugt, daß sie es schaffen würden; sie wurden noch kreativer; sie strengten sich noch mehr an, und sie gaben nicht auf.

In einer solchen Talfahrt der Wirtschaft war ein Mann davon überzeugt, daß er wegen dieser schlechten Zeiten in seinem Geschäft keinen Erfolg haben würde.

Er war in dem Netz seines negativen Denkens gefangen. Als er durch ein Einkaufszentrum ging, machte er eine interessante Erfahrung. Er beobachtete, wie unterschiedlich zwei Metzger in diesem Einkaufszentrum arbeiteten. Einer hatte soviel zu tun, daß die Leute bei ihm in einer langen Warteschlange stehen mußten. Der andere Metzger hatte kaum Kundenzulauf.

Der junge Mann wollte herausfinden, woran das lag, und er fing an, der Sache auf den Grund zu gehen. Er ging in den Laden, wo das Geschäft blühte und wartete dort in der Schlange. Als er an der Reihe war, sagte der Geschäftsinhaber in einem sehr höflichen Ton zu ihm: „Guten Tag. Es tut mir sehr leid, daß Sie so lange warten mußten. Wie kann ich Ihnen heute behilflich sein?" Er war sehr positiv und angenehm und tat alles, um seinen Kunden zu helfen.

Ein wenig später ging der junge Mann in die Metzgerei, die nicht so gut lief. Dort wurde er brummig begrüßt: „Was wollen Sie?" Anstatt dem jungen Mann das zu geben, was er verlangt hatte, versuchte dieser Metzger, ihm noch mehr „aufzuschwatzen", obwohl er gar nicht mehr kaufen wollte. Dieser Metzger war in seinem ganzen Verhalten so negativ, daß er konsequenterweise auch negative Ergebnisse erzielte.
Denken Sie positiv, und Sie werden positive Ergebnisse erzielen. Aber wenn Sie negativ denken, wie der zweite Metzger, dann werden Sie auch negative Ergebnisse erzielen.

5. *Kommen Sie aus Ihrem seelischen Tief heraus, und verändern Sie durch positives Denken Ihr Minus in ein Plus.*

Was machen Sie, wenn das Leben Ihnen schwer wird? Versuchen Sie, mit Jesu Hilfe das Beste daraus zu machen. Es gibt unzählige Menschen, die eine seelische Auferstehung brauchen. Sie sind in den Teufelskreis des negativen Denkens eingesperrt. Diese Gedanken können ihr Leben zerstören und zu Depressionen führen. Wenn Sie erkennen, daß in Ihrem Leben alles völlig schwarz aussieht und Sie sehr niedergeschlagen sind, dann sind Sie auch in diesem negativen Teufelskreis gefangen. Sie brauchen dringend eine neue Sicht der Dinge.

In einer Geschichte wird von zwei Jungen erzählt, die eine Landstraße entlang spazierten und zu einer kleinen Laderampe kamen, auf der zwei große Milchkannen standen, die in eine Stadt in der Nähe gebracht werden sollten.
Die Jungen sahen sich um. Weil sie niemanden sahen, nahmen sie den Deckel von beiden Kannen ab und ließen zwei große Frösche hineinplumpsen. Sie gingen weiter. Später wurden dann die Kannen verladen, um in der Stadt abgeliefert zu werden. Auf der Fahrt sagte sich der eine Frosch in der ersten Kanne: „Das ist ja schrecklich! Ich kann den Deckel nicht hochheben, weil er zu schwer ist. Ich habe noch nie zuvor in Milch gebadet. Ich komme gar nicht bis an den Deckelrand, um kräftig genug dagegen zu drücken, damit er sich hebt. Also, was soll's?", und er gab auf. Als der Deckel der

ersten Milchkanne hochgehoben wurde, fand man einen riesigen, toten Frosch.
Der Frosch in der zweiten Milchkanne befand sich in der gleichen Lage, aber er sagte sich: „Ich werde es wohl kaum schaffen, den Deckel hochzuheben, weil er zu schwer ist und zu fest sitzt. Ich habe nichts, womit ich mir ein Loch graben könnte, um mich zu retten. Aber es gibt eine Sache, die ich im flüssigen Element gelernt habe, und das ist zu schwimmen." Deshalb schwamm er nach Leibeskräften und schlug die Milch zu Butter. Darauf konnte er dann bequem sitzen. Als der Deckel von der zweiten Milchkanne abgehoben wurde, sprang ein gesunder und munterer Frosch mit einem großen Sprung heraus.

Der Gewinner gibt nie auf –
und der Feigling, der aufgibt, gewinnt nie!

William E. Holler

Jesus lebt – und in der Kraft des auferstandenen Christus können auch Sie

- Ihre negativen Erfahrungen in etwas Positives umwandeln,
- Ihr Versagen in Sieg umwandeln,
- Ihre Rückschläge in Fortschritte umwandeln,
- Ihre negativen Lebensumstände für Ihr persönliches Wachstum nutzen,
- aus Fehlschlägen Erfolge machen.

6. Wagen Sie es, mit positiven Erwartungen zu leben.

In diesem letzten Winter sagte ich während eines sehr langen Schneesturms lachend zu meiner Frau Margi: „Wußtest Du schon, daß es bald Frühling wird?" Sie sagte: „Draußen sieht es aber gar nicht so aus." Aber ich blieb bei meiner Meinung: „Doch der Frühling kommt. Bevor Du es merken wirst, werden die Blumen schon blühen." Indem wir uns auf den kommenden Frühling freuten, belastete uns die augenblickliche Situation schon weniger. Wenn die Sonne dann wirklich im Frühling durchbricht, vergessen wir all unsere Mühen mit dem strengen Winter.

Man muß sehr viel Selbstdisziplin üben, um hinter den Problemen und Nöten schon das positive Ergebnis zu sehen. Das Erstaunliche ist jedoch, daß die Menschen, die ihre Gedanken beharrlich auf eine positive Erwartung ausgerichtet haben, auch die positiven Ergebnisse erzielen werden.

Wagen Sie es, sich selbst zu disziplinieren
(Niemand wird Ihnen das abnehmen!)
Möge Gott Sie segnen!

Lieber Leser,
wenn durch die Lektüre dieses Buch in Ihnen persönliche oder seelsorgerliche Fragen aufgekommen sind, so wenden Sie sich mit diesen bitte an einen Seelsorger ihres Vertrauens. Gerne dürfen Sie sich auch an die

Family Life Mission, Postfach 1965, 7640 Kehl

wenden, die von Walter und Ingrid Trobisch gegründet wurde. Erfahrene Seelsorger werden ihnen antworten. Ihre Anfragen werden selbstverständlich vertraulich behandelt.